13 Dreckgeschichten

Gedanken, Anregungen und Erfahrungen rund um Ton und Kinder
von Dorothe Frutiger mit Bildern von Christian Mehr

Orell Füssli

Lektorat: Jutta Radel
Herstellung: Peter Schnyder und Walter Voser

Lithos: Horisberger AG, Niederglatt
Satz: B & K Offsetdruck GmbH, Ottersweier
Druck: Orell Füssli Graphische Betriebe AG, Zürich
Einband: Buchbinderei Burkhardt AG, Mönchaltorf
Printed in Switzerland
ISBN 3 280 01560 X

Inhalt

1

Es war einmal oder Jedes Ding hat seine Geschichte

Jede Kindheit ist besonders und einmalig. Sie besteht aus Geschichten, die Familienbesitz werden. Manchmal gehen sie über lange Zeit verloren, bis einmal jemand den Leuchthund aus einer Schachtel kramt, einen selbstgeformten Camping-Kocher oder den Cheminéeofen von Jakob. Dann ist die Kindheit plötzlich wieder da, und uns ist, als sei's gestern gewesen.

Seite 38

2

Freudiges Ereignis heißt der kleine Dreckkerl

Einen kleinen Bruder bekommen oder eine kleine Schwester ist nicht nur eitel Freude. Besonders wenn es schwer fällt, seine Wut und seine Eifersucht denen zu zeigen, die man ja auch lieb hat. Sich mit Lehm von der Seele zu spielen, was drückt, kann befreiend sein, Selbsthilfe nach Maß an Ort und Stelle.

Seite 43

3

Schmetterlinge – Schmetterdinge

sind Masken aus Ton, die man zu Boden schmettern kann - ein Kind hat ihnen den Namen gegeben. Sie entstehen aus dem Moment heraus, zum Beispiel zur Fasnachtszeit in einer Kindergruppe. Man kann sie vors Gesicht halten, wenn man sich fürchtet, und dabei andern Angst einjagen. Weil sie weich und feucht sind, lassen sich daraus laufend neue Gesichter formen, solche mit Lachmäulern, Freßmäulern, Zahnzeigemäulern, Pfeifmäulern und Zumäulern.

Seite 50

4

Hier lebte von anno ... bis ... Spuren hinterlassen

Inschriften in Baumstämme ritzen oder in die hölzerne Ruhebank am Aussichtspunkt, Namenszeichen im Schlafsaal der Clubhütte oder auf die Rücklehne von Kirchenbänken, auf denen junge Kirchgänger ihre Pflichtstunden absitzen. Später ist's eine dezente Visitenkarte; wir haben unsern Stempel, unsern Briefkopf, Freunde kritzeln ihre Initialen nicht mehr irgendwohin, sondern sie schreiben etwas Originelles ins Gästebuch. Mauerinschriften an öffentlichen Gebäuden – manche ärgern sich grundsätzlich darüber, andere freuen sich, wenn da etwas Gescheites steht. Aber nur wenige von uns bringen es zur Gedenktafel – es sei denn, wir schaffen sie uns selber zu Lebzeiten, am besten aus Ton und bevor wir schreiben können.

Seite 61

5

Aufrichten – dem Himmel entgegen

Was ein Kind zum ersten Mal tut, fasziniert uns besonders: das erste Lächeln, das erste Wort, der erste Schritt. Auch im schöpferischen Gestalten gibt es einmalige „Erst-Momente”. Nicht immer bekommen wir sie so unmittelbar mit, wie es bei Mirco geschah, als sich der Löwenbändiger aufrichtete . . .

Seite 65

6

Krokodile – Feuerdrachen

Kinder im Phantasiealter von drei bis fünf kämpfen manchen Kampf, von dem wir nichts wissen: Unheil und Übermacht in Form von Ungeheuern, Drachen und Krokodilen haben sie immer wieder zu besiegen. Solche Wesen in wenigen Minuten mit Kraft und seinen eigenen Händen sichtbar und spielbar zu machen, ist beglückend, befreiend für sie, hilft im wörtlichen Sinne, „Böses in den Griff zu bekommen”.

Seite 70

7

Babuschka – von Kindern und Kindeskindern

Gute Gespräche mit Kindern entstehen häufig unverhofft, lassen sich kaum planen und einfädeln, wie dies Erwachsene untereinander etwa tun. Babuschka mit ihrem Bauchei war Auslöser für solche Gespräche und gab gleichzeitig Anlaß zu lebendiger Begriffsbildung: größer als, kleiner als, usw.

Seite 74

8

Sommerstadt im Stoppelfeld

Ein sommerlicher Ferienkurs für Heimkehrer und Daheimgebliebene. Zehn Kinder zwischen sechs und zwölf treffen sich an vier aufeinanderfolgenden Vormittagen für drei Stunden zum Werken und Spielen mit ungebrannten Backsteinen im Freien. So ist im Stoppelfeld unter glühender Sonne und schwarzen Gewitterwolken eine Wüstenstadt entstanden, aber nicht nur . . .

Seite 82

9

Leuchtberge

Die guten Ideen zu schöpferischen Werken kommen meist von den Kindern selber. Sie ergeben sich aus dem wachen Da-sein und Teilhaben an dem, was sie im Moment beschäftigt, was sie gerade daran sind zu tun. So kann es eben Leuchtberge geben, wenn Kinderfäuste sich in einen Tonklumpen graben oder . . .

10

Das Liebgotthaus, die Scheiterbeige und der Kitzelkuchen

Drei Kinder verschiedener Altersstufen brauchen beim Werken mit Ton die Relief-Technik. Allen dreien macht es Spaß. Es gibt dabei nicht Besseres und Schlechteres, sondern von jedem eine kleine Momentaufnahme, die stimmt.

11

Wie die Gartenzwerge kurz vor Weihnachten ins Schulhaus kamen

Eine Schulklasse macht Gartenzwerge. Auf die gleiche Weise könnten aber auch Elefanten, Osterhasen, Wohnhäuser und Schiffe entstehen. Genügend Zeit zum Spielen mit dem Naturton ist auch für Schulkinder wichtig. Wenn sie das Material zuerst auf vergnügte Weise erkundet haben, sind sie fähig, damit selbständig und schöpferisch zu gestalten.

12

Unser Hausdrache Kressavia Zettlov

Wenn Kinder größer werden, ist es oft schwierig, in der Familie etwas Gemeinsames zu tun, wie es Mütter gerne möchten. Kressavia hat's geschafft, alle um sich zu vereinen. Ob's geheime Kräfte waren oder die Tatsache, daß durch sie jeder zu seinem Postfach kam, ist schwer zu sagen.

13

. . . und wenn es wieder Sommer wird

Träumen, Pläne schmieden, Luftschlösser bauen, sich ausdenken wie es wäre, wenn – das ist ein Teil vom lebendigen Menschsein. Und wenn daraus nichts wird? Dann entsteht etwas anderes, während das Erlebnis bleibt. Wir haben uns ereifert, einander angezündet, rote Backen bekommen wie damals, als Martina felsenfest behauptete, wir könnten uns ein Haus aus Dreck und Stroh bauen.

Meine eigene Dreckgeschichte

oder Wie es zu diesem Buch kam

Frau Lips war meine Lehrerin, Käthy Lips. Ich mochte sie, außer wenn ich im Handarbeiten mit eisernen Nadeln Baumwollsokken stricken sollte. Wenn sie lachte, kollerten ihre Töne in den Busen und machten sich dort noch eine Weile lustig. Das gefiel mir, weil meine Mutter anders lachte. Samstags erzählte sie uns Geschichten, eine davon habe ich nie vergessen. Ich meine, sie lautete so: «Jesus spielte mit einem anderen Jungen vor dem Haus und formte aus Lehm allerlei Tiere. Beide machten ein Vögelchen. Jesus tauchte seins in eine Pfütze, auf der Benzin schwamm und siehe da, es wurde farbig wie ein Regenbogen. Der andere Junge war eifersüchtig und wollte es zertrampeln. Jesus klatschte in die Hände und rief ‹Flieg, Vöglein flieg!›, worauf es seine Flügel hob und zwitschernd gen Himmel flog.»

Später suchte ich diese Geschicht in der Bibel, fragte Leute danach, merkte, daß das Benzin wohl aus meiner Küche stammte und daß es Legenden gibt. Das tat meiner Erinnerung keinen Abbruch. Jesus, der im Lehm knautschte und spielte, war mir vertrauter und glaubwürdiger als der Jesus, der am Kreuz hing.

Daß ich in meiner eigenen Kindheit mit Lehm zu tun hatte, kann ich mich nicht erinnern, wohl aber, wie ich mich mit Ton durch eine kaufmännische Lehrzeit mauserte. Ich hätte sie kaum zu Ende gebracht, ohne die Möglichkeit, jeden Samstag mit dem Velo zu Hänni Friedel in die Töpferei fahren zu können. Nein, nicht dem Friedel zuliebe fuhr ich hin, der war meist auf dem Feld oder bei den Schafen. An einem von sechs Tagen mußte ich Lehm in Händen halten statt Papier, mußte feuchte Erde riechen und in der warmen Werkstatt mit den Händen ertasten, wer ich sein könnte. Das hieß, meine Gedanken weit weg neben Zahlen, Meß- und Vergleichbarem vorbeiziehen lassen und meinen Träumen wach und handelnd Raum geben.

Manchmal stand Friedel in Holzschuhen in der Werkstatt und schüttete mit dem Schöpflöffel weiße Glasur über wunderschöne Plastiken und kunstvoll modellierte Gefäße. «Ja, ja, die Verrückten haben eben mehr Zeit als unsereiner,» meinte er etwa dazu – es waren Arbeiten aus der psychiatrischen Klinik. Wie bieder und hilflos nahmen sich daneben meine dünnen Tonesel aus, beseelte Buffetfiguren, die im besten Fall auf drei Beinen standen. Dafür aber funktionierte ich selber einigermaßen, holte mir meine Therapie und wußte es nicht einmal.

Später gab's eigene Kinder und damit Neuland und Abenteuer Tag für Tag. Ich erinnere mich, wie Suzanne und Klaus nackt auf einer sonnenwarmen Dachterrasse Lehm und Wasser zu einem dünnen Brei rührten und sich damit gegenseitig von oben bis unten einstrichen. Abends kam unter viel Gelächter und Gejauchze die warme Dusche aus der Gießkanne, unvergeßliche Lust und Freude ringsum – ein Fest fürs Leben.

Nach und nach gehörte Lehm, Naturton aus der Ziegelei, zur Standardausrüstung unseres

Haushalts. Er rettete manchen verregneten Nachmittag und spendete in den Ferien Trost für Daheimgebliebene. Wenn ich dabei laufend Neues lernte, selber ‹angezündet› wurde zum Experimentieren und angeregt zum Nachdenken, dann habe ich dies den Kindern zu verdanken; unseren vier sowie Eva, Tina, Pascal, Karin, Sybille und anderen, die einfach dazugehörten. Immer wieder waren sie zu haben fürs Werken und Spielen mit Ton und ließen mich dabei Schritt für Schritt begreifen, was Kinder brauchen und was sie fähig sind zu lernen, wenn Erwachsene sie nicht daran hindern, schöpferisch tätig zu sein.

In den letzten Jahren habe ich in Zürich und in den Flumserbergen erlebt, wie Stadt- und Landkinder im Spielzirkus sechshundert Kilogramm ungebrannte Backsteine verarbeiteten – und sie hätten weitere fünfhundert gebraucht, wären die Ferien nicht zu Ende gegangen. Dort habe ich ein für allemal verstanden, was ganzheitliches Erleben ist. Ich sah Kinder, die bis zu Erschöpfung mit Leib und Seele Lehm bearbeiteten, spielten, bauten, werkten, auch solche, die sich in der Schule keinen Moment konzentrieren können.

Seither gab's über Jahre gute Gespräche und Gedankenaustausch rund ums «Tonen» mit Kindern und Seminaristinnen, besonders auch mit meiner Arbeitskollegin Frieda Streit am Kindergärtnerinnen-Seminar Solothurn. Sie half mir als Werklehrerin weiter, wenn ich an Grenzen stieß, sie zeigte mir neue Möglichkeiten und teilte ihre reiche Erfahrung mit mir. Hätte sie dies nicht geduldig und fachkundig getan, wären meine Aufzeichnungen um einiges weniger sachlich und nachvollziehbar geworden.

Unterdessen sind unsere Kinder groß und ich etwas mutiger geworden. Heute brauche ich Lehm nicht nur für Kinder, sondern wie anderes Material, in meiner Arbeit mit Erziehern, Heilpädagogen und Eltern. Ich erlebe dabei, wie liebenswerte Züge an jedem Menschen zum Vorschein kommen, sobald er dem Kind in sich Raum und Zeit gibt und ihm handelnd entgegengeht.

Daß dieses Buch entstehen konnte, dazu brauchte es nebst vielen, herrlichen Kindern rund um meine Spielgruppe drei wichtige Leute,

- meine liebe, 86jährige Mutter, die mich in ihrer kleinen Wohung Ruhe finden ließ zum Schreiben,
- Herbert, meinen Lebensgefährten, der mir Mut machte und zu Hause zum Rechten sah, während ich auswärts daran arbeitete
- und Christian, der Kinder mag und fotografieren kann.

Christian Mehr hatte Lust und Spaß daran, meine Dreckgeschichten in Bilder einzufangen. Wir haben dabei oft geseufzt und gelacht und viel voneinander gelernt. Was ich ihm besonders hoch anrechne: Er hat festgestellt, daß ich noch heute keinen Film im Fotoapparat auswechseln kann, und trotzdem versuchte er nie, es mir beizubringen.

Ton ist Erde

Ton ist Lehm, kommt aus der Erde, auf der wir leben und zu der wir wieder werden, wenn wir gestorben sind. Ganze Völker und Kulturen haben daraus Häuser gebaut, lange bevor es uns gab, und sie tun es zum Teil heute noch. Wenn wir uns in diesem Buch mit Kindern und mit Lehm befassen, empfinde ich dies als etwas Selbstverständliches und etwas Künstliches zugleich. Ich meine, daß unsere Kinder und wir auch ohne Buch natürlichen Umgang hätten mit Erde, Lehm und Sand, wären nicht unsere Form zu leben und die Umwelt, in der sich Kindsein in unserem Land abspielt, anders und schwieriger geworden. Ich möchte an konkreten Beispielen aufzeigen, und dies eben mit Lehm, mit Naturton, wie unser Alltag mit Kindern ein bißchen vergnügter sein könnte. Denn Kinder, die Spaß haben am Leben, sind meist gesund, voller Ideen, zärtlich und liebenswert, erpicht darauf, Neues zu entdecken und zu lernen, mindestens bevor sie zur Schule gehen, in den sechs wichtigsten Jahren ihres Lebens.

Freude am Tun

Die Bildung kleiner Kinder geschieht vor allem über das Greifen, und das tun sie beim Umgang mit Ton in hohem Maße.

Wer Fachausdrücke mag, soll's prozeßorientiertes Schaffen nennen.

Müßte ich in ein, zwei Sätzen den wesentlichen Unterschied zwischen Kind und Erwachsenem beschreiben, würde ich auf die Körpergröße hinweisen, mich sonst auf eine Aussage beschränken.

Wenn Erwachsene etwas tun, wollen sie damit etwas erreichen, ihr Tun hat ein Ziel und einen Zweck. Kinder dagegen spielen, werken, hantieren, und es ist ihnen nebensächlich, ob etwas dabei herauskommt.

Ich meine, daß dieses Anderssein und dieses Grundverständnis kindlicher Wesensart so wichtig ist, daß sich daraus unsere Haltung dem werkenden, spielenden Kind gegenüber ergibt. Allerdings braucht es etwas Geduld mit uns selber. Zehn oder mehr Schuljahre und eine Berufsausbildung haben uns schließlich gelehrt, zielstrebig auf etwas hinzuarbeiten, und das können wir nicht ungeschehen machen. Sollen wir auch nicht, denn etwas davon – was und wieviel sei dahingestellt – brauchten wir ja wohl, um erwachsen, lebenstüchtig zu werden. Lebenstüchtig, lebensfähig und lebensfreudig aber scheint mir jemand, der nicht nur tut, was sein muß. Es braucht dazu auch die Fähigkeit, den Augenblick und seine Möglichkeiten mit wachen Sinnen wahrzunehmen und trotz oder mit der Erfahrung, die uns das Leben lieferte, das auszudenken und zu wagen, was auch noch sein könnte und etwas davon zu verwirklichen. «Es muß im Leben mehr als alles geben», sagt Maurice Sendak in seinem Buch ‹Higgelti, Piggelti, Pop›.
Ein philosophischer Ausrutscher? Vielleicht wird er verständlich, wenn wir zum Lehm und damit wieder auf den Boden kommen.
In meiner Arbeit stelle ich fest, daß Kinder – falls sie nicht bereits zu viele prägende Erfahrungen mit Erwachsenen gemacht haben – freudig und neugierig auf Naturton zugehen. Bringe ich jedoch Ton erstmals in eine Gruppe von Erwachsenen, melden die meisten gleich Unvermögen oder Unerfah-

renheit im Modellieren an. Einige schlucken offensichtlich wenig erfolgreiche bis bittere Erfahrungen herunter, andere schweigen und warten gespannt auf Anweisungen. Dies sind für mich normale Reaktionen erwachsener Leute. Ihr Beruf und ihre Lebenserfahrung lehrte sie, daß Material da ist, um damit etwas Sinnvolles, Brauchbares oder zumindest Schönes herzustellen. Es braucht deshalb Zeit und ein angstfreies Klima, gute Gespräche und Erinnern an die eigene Kindheit, bevor wir uns als Erwachsene mit Lehm auf die Ebene der Kinder begeben können. Häufig erfahre ich, daß bei manchen in der Kindheit ein oder mehrere Male etwas geschah, das ihnen die Freude und den Glauben genommen hat, aus dem Moment heraus etwas Eigenes schaffen zu können. Ich meine, daß wir in diesem Sinne fast alle «Kindermord» erlitten haben, wie ihn Hans Saner in seinem Buch ‹Geburt + Phantasie› beschreibt. Wenn dies geschieht, geht nicht ein reizvolles Garnitürchen unseres Lebens flöten, sondern ein Potential an schöpferischen Kräften,das unser Kind- und Menschsein einmalig macht, Kräfte, die die Welt aus den Angeln oder wieder in die Angeln heben könnten. Eine hochdramatische Sache also?
Im Leben jedes einzelnen nimmt sie sich weit banaler aus. Bei den einen waren's ältere Geschwister, die alles besser konnten, eine kunstgewerblich begabte Mutter oder der Vater ein Alleskönner, vielleicht Lehrerinnen oder Lehrer mit umwerfendem Feingefühl. Junge Eltern erzählten mir etwa, daß sie als Kind angehalten wurden, aus Tonwürstchen, die man aufeinanderschichtet, zu Weihnachten einen Aschenbecher zu formen. Bei einigen gab's sogar deren zwei oder ein Schälchen für Fernsehnüsse. Und damit erschöpften sich ihre Erfahrungen mit Lehm für die restliche Kinder- und Jugendzeit.

Ein Angriff auf Aufbautechnik und geführtes Modellieren also? Ich würde mich hüten, habe selber Freude daran und hoffe auf ein ruhiges Alter, in dem mir keine Kinder mehr die Zeit dazu stehlen oder dabeisein wollen, wenn ich allein und zur eigenen Freude mit Ton arbeiten möchte.

Aber – und hier setzen meine Bedenken ein – bevor Kinder mit Aufbautechnik und produktorientiertem Modellieren vertraut gemacht werden, sollten sie über Jahre hinweg, drinnen und draußen, spielend Naturton in seinen verschiedensten Formen erfahren können.

Erfahren heißt: im Spiel mit bloßen Händen seine Eigenschaften entdecken, Spaß haben und Wut auslassen daran, ohne eigene oder fremde Erwartung, am Schluß müsse etwas Sichtbares, Benennbares vorhanden sein. Und wenn trotzdem etwas Lustiges, Gelungenes entsteht, dann sei's zu ihrer und unserer Freude. Wir können es aufbewahren oder zum Brennen geben, doch weder als Beweisstück noch als Erfolgsnachweis für eine «sinnvolle Tätigkeit», vielmehr als Erinnerung an einen dichten Moment, von dem gestaltende Kinderhände etwas festgehalten habe.

Im Gegensatz zum späteren, schulischen Lernen ist das elementare Lernen kleiner Kinder dasselbe wie leben, tun oder sein. Es geschieht vor allem über den Körper und über die Sinne in der aktiven Auseinandersetzung mit dem, was Kinder umgibt.

Vom lustigen Lernen

Wenn wir das Wort Lernen hören, ergänzen es viele von uns im Geist mit «Schule – Aufgaben – Beruf». In diesem Zusammenhang haben wir Lernen hauptsächlich erfahren oder erlitten, je nachdem. Daß wir aber bereits von unserem ersten Lebenstag an fast pausenlos, rund um die Uhr und ohne Ferien, am Lernen waren, das haben wir vergessen. Wir lernten zu dieser Zeit Lebenswichtiges wie Essen, Laufen, Reden, Sehen, Hören. Lauter Dinge, die schulisches Lernen überhaupt erst möglich machen.

Eigene Kinder sind für mich deshalb ein Glücksfall und eine Chance, elementares Lernen noch einmal zu erleben. Plädiere ich für Arbeitsteilung und Partnerschaft in der Familie, dann nicht nur unter der Befreiungsflagge für die Frau. Ich meine, daß es hier um echte Chancengleichheit ginge, daß der Vater ebenso ein Recht hätte auf diesen zweiten Bildungsgang mit seinen Kindern wie die Mutter.

Wenn kleine Kinder lernen, tun sie das in ständiger Bewegung. Sie sind daran, Erfahrungen für's Leben zu sammeln, und darin ist das Wort «fahren» enthalten. Fahren heißt, Vertrautes zurücklassen, Neuem entgegengehen. Fahren heißt auch, daß dieses Lernen meist am Boden und kaum auf Stühlen und an Tischen geschieht. Es ist unsere Idee, daß wir beim Lernen den Körper stillehalten und den Kopf füllen müssen, und ich habe oft den Verdacht, daß auch größeren Kindern diese Art von Lernen schlecht bekommt, wenn ich sehe, wieviele Kinder jahrelang auf Stühlen sitzen und nicht lernen.
Deshalb: Spaß haben und Erfahrungen machen mit Ton liegt kleinen Kindern vor allem, wenn sie es am Boden tun können. Setzen wir sie an einen Tisch, verhindern wir damit eine Reihe wichtiger Erfahrungen. Zum Beispiel: den Tonklumpen mit voller Wucht mehrere Male hintereinander auf den Boden knallen, was jeder Berufstöpfer in ähnlicher Form tut, wenn er den Ton schlägt, um Luftblasen zu verhindern.

Begibt sich ein kleines Kind auf einen Erfahrungsweg mit Ton, so tut es dies mit seinem ganzen Körper. Sitzend, kniend, auf dem Bauch liegend, stehend und kauernd erlebt es das Material. Seine Auseinandersetzung umfaßt den ganzen Körper. Gefühle, die es dabei empfindet, äußern sich körperlich. Es zappelt, hüpft vor Freude, klatscht in die Hände, stampft oder wirft sich zu Boden.

Solch bewegtes und intensives Tun aber ist nur möglich, wenn man Boden unter den Füßen hat und nicht auf vier wackeligen Stuhlbeinen ums Gleichgewicht kämpfen muß. Raum ist notwendig, um sich selber Luft zu machen, oben, unten, hinten, vorne, Platz für das, was Kinder beim Spielen und Werken mit Ton innerlich und äußerlich bewegt.

Allgemeine Wetterlage – vom günstigen Klima

Mich dünkt, daß in unseren Breitengraden Eltern ihre Kinder eigentlich reichlich ernähren und vernünftig kleiden. Das heißt, für ihr leibliches Wohl ist weitgehend gesorgt, und das scheint mir weder unwichtig noch selbstverständlich, wenn wir die Weltsituation des Kindes anschauen. Mehr als der Hälfte unserer Erdenkinder fehlt es am Nötigsten, um überhaupt ein menschenwürdiges Leben zu leben – eine Tatsache, die mich je nach Befinden bedrückt oder zu erdrücken droht. Weil aber ein ständig schlechtes Gewissen nicht ausreicht, vor allem lähmt und hilflos macht, könnten wir vielleicht versuchen, unseren Glücksfall etwas bewußter zu gestalten. Denn was ist es anderes als ein Glücksfall, daß wir in einem Gebiet zur Welt kamen, in dem Überfluß statt Krieg und Dürre herrscht? Versuchen wir also, den Glücksfall bewußter zu gestalten, indem wir im Sinne Erich Fromms* nach Ansätzen suchen, die uns etwas weg vom Haben zum Sein führen.

* Erich Fromm, Haben oder Sein, Deutscher Taschenbuch Verlag

Damit kämen wir unsern Kindern, aber auch denen auf der Schattenseite dieser Erde, einen Schritt näher, weil solches Denken und Handeln nicht nur kindlicher sondern menschlicher sein könnte.

Ich weiß, daß unzählige Menschen in einem unmenschlichen Klima leben und arbeiten und sich wohl oder übel daran gewöhnen müssen, menschlich unterkühlt zu funktionieren. Umsomehr Mut und Phantasie ist nötig, unsere Kinder nicht nur daraufhin zu trainieren und abzuhärten, sondern sie gleichzeitig modellhaft ein anderes Klima, andere Voraussetzungen erfahren zu lassen, solche, die übertragbar wären, um auch später sinnvoll tätig zu sein. Denn ich glaube nicht mehr daran, daß Kinder und Erwachsene ein so unterschiedliches «Betriebsklima» brauchen, um sich im Spiel oder in der Arbeit wohl zu fühlen. Wir wissen alle, daß uns dicke Luft schwer atmen läßt und daß wir in dünner Luft weiche Knie bekommen. Überhitzte, dicke Luft für Kinder ist, wenn Erwachsene laufend alles und jedes kommentieren, Anweisungen geben, loben, tadeln, zur Vorsicht mahnen, verbieten, ohne ersichtlichen Grund Ruhe und Ordnung verlangen, aus jedem Zufallsprodukt ein Kunstwerk machen oder allzeit bereit parat stehen mit vernünftigen Ratschlägen. In unterkühlter, dünner Luft dagegen finden Kinder kaum Beachtung und Anerkennung für das, was sie tun, werden weggeschickt in ihr Reservat, zum Schutze unserer Nerven und des Spannteppichs.

Zum günstigen Klima, in dem sich Kinder wohlfühlen, in dem schöpferisches Tun und Sein überhaupt möglich wird, gehört meines Erachtens jemand, den die Kinder gerne haben. Das kann die Mutter sein, der Vater, Großeltern, eine vertraute Nachbarin, die Kindergärtnerin oder Erzieherin, einfach jemand, der Kinder mag, und den es wunder nimmt, wie sie sind und was sie tun.

Wenn ein Zweijähriges seine ersten Tast-, Greif- und Knetversuche mit Ton macht, erlebt es dabei lauter Unbekanntes, Ungewohntes, und wer möchte das schon ganz alleine tun? Es will in Mutters oder Vaters Gesicht lesen, ob sie diesem Tun freundlich gesinnt sind, ob sie ähnliche Stirnfalten machen wie damals, als es den Inhalt seines Töpfchens in gleicher Weise handhabte. Am liebsten möchte es jemand Vertrautes in der Nähe haben, der ebenfalls mit den Händen etwas tut, zum Beispiel bügelt, Gemüse rüstet, flickt, aber ja nicht telefoniert oder liest, denn ansprechen müßte man sie oder ihn jederzeit können und sicher sein, daß Kopf und Herz Anteil nehmen am Geschehen und nicht über Buchseiten oder Telefonkabel fremdgehen.

Manche Kinder brauchen beim Werken und Spielen, sei's mit Ton oder anderem Material, Sichtnähe, wenn sie etwas älter sind oft nur Rufweite. Mit Händen, Augen oder mit der Stimme müßte ein guter Weggefährte erreichbar sein, wenn's heikel wird oder so gelungen, daß man's nicht mehr für sich behalten kann.

Nicht der Rede wert – oder eben doch?

Schwierig und überflüssig zugleich kommt es mir vor, über Selbstverständliches zu schreiben, denn selbstverständlich ist es ja nur für den, der es ohnehin von selbst versteht. Sollen wir denn in einem Buch nachlesen, daß kleine Kinder, die bis zur Erschöpfung einen Klumpen Lehm bearbeitet haben, müde und durstig sind? Sollen wir ihnen nicht einfach zu trinken geben, sie auf den Schoß nehmen, liebevoll über die verschwitzten Haare streichen, sie hin und her wiegen und da sein?

Für alle unsicheren, enttäuschten und überforderten Eltern – und wer wäre dies nicht wenigstens zeitweise – will ich's eben doch aufschreiben, daß Kinder täglich neu unsere Wärme, unseren Atem und unsere Nähe spüren müssen, um sich in unserer kalten und bedrohlichen Welt immer wieder auf den Weg zu machen. Einen langen, steinigen Weg, auf dem sie unzählige Male hinfallen, Knie und Kopf aufschlagen. Er führt durch ein Gelände mit lauter Verbotstafeln, das sich mehrheitlich für Kinder nicht eignet, das schon fertig und von Erwachsenen bewohnt, gepachtet, regiert war, bevor Kinder dazukamen.

Darin ein gutes Klima schaffen heißt nicht, vor allem fachlich kompetent sein, sondern sich als Mutter, als Vater zutrauen, für sein Kind gut genug zu sein. Ein ganzes Heer von «Fachleuten» bietet heute jungen Eltern eine riesige Auswahl feiner Sachen an, vorausgesetzt, die Eltern bezahlen dafür und die Mütter bringen die Kinder im Auto hin: Schwimmen, Malen, sich in eine Gruppe einfügen, Musik machen, sich natürlich bewegen, fair kämpfen mit Judo und Fechten, Boxen und und und … Manche Kinder haben Freude daran, und es schadet ihnen kaum, wenn Eltern für sie das richtige Maß finden, sie nicht verplanen und fernsteuern, lange bevor sie Uhr und Zahlen kennen.

Aber: zu Hause mit seinen Kindern über längere Zeit ein Klima schaffen, in dem sich leben, spielen und werken läßt, das scheint mir weit wichtiger, anspruchsvoller und vor allem der Rede wert. Gerade weil Mütter Dauerbrenner sein müssen und selten in einer gut vorbereiteten und zeitlich begrenzten Lektion Feuerwerk starten können, brauchen sie Ventil, Rauch- und Dampfabzug, wenn die Luft rein bleiben soll. Das heißt, ich möchte ihnen Mut machen, mit Kindern wach, herzlich, zärtlich und spaßig zu sein. Mutig und ehrlich sein heißt aber auch wagen, den Kindern seine eigene Müdigkeit, seine Langeweile, sein Wut und seine Angst zu zeigen. Das verstehen und ertragen Kinder weit besser als ein verkrampftes Dauerlächeln, das als pädagogischer Gewebeveredler im Schongang alle Gefühle einheitlich verduftet und verwässert.

Echte, kindliche Gestaltungen mit Lehm sind keine dürftigen Abbilder der Realität. Sie sind ureigenster Ausdruck davon, wie ein Kind eine Sache erlebt, erfahren und verstanden hat. Im wachen Zusammensein mit Kindern ist mir diese Sprache allmählich vertrauter, verständlicher geworden. Und doch erlebe ich immer wieder, daß Kinder erzählen aus einer Welt, die nur die ihre ist, zu der wir den Schlüssel verloren, den Heimatschein in der Schule abgegeben haben . . .

Miteinander – ein Thema für's Leben

«Schau, wie das wird», «Mach doch auch so ein Loch», «Bei dir sieht's aus wie . . .», «Ich brauche noch . . .», «Wie hast du das gemacht?» So tönt es meist, wenn kleine Kinder mit Naturton werken und spielen. Ohne daß ich etwas dazu tue, ist es immer ein Geschehen der Gruppe und nie nur eine Sache des Einzelnen. Auch Kinder, die kaum etwas sagen, während ihre Hände mit Lehm tätig sind, haben Augen und Ohren offen für das, was um sie her geschieht. Ja, gerade sie verfolgen besonders intensiv, was nebenan entsteht und vergeht. Oft versuchen solche Kinder dann, ein, zwei Wochen später das Geschehene und Gehörte auf ihre Weise nachzuvollziehen. Sind sie phantasielos, träge oder abhängig von andern? Ich sehe es anders und meine, daß wir Erwachsene mehr oder weniger trainiert sind, als Einzelstarter im Vergleich zu andern Erfolg zu haben, während Kinder unter günstigen Voraussetzungen noch unbefangen voneinander und miteinander lernen können.

Wohl gibt es auch unter ihnen den Vergleich und Worte wie: «Ich kann das nicht», «Mach mir auch so ein Kätzchen», «Ich mag jetzt nicht mehr.» Besonders unter Geschwistern erlebe ich den Konkurrenzkampf als hart und tiefgreifend. Eine Schwester, die um zwei Jahre älter ist, holt man nie auf, und wenn man noch so viel ißt und zwei Nummern zu große Schuhe anzieht – sie wird auf immer und ewig alles besser können und die guten Dinge im Leben früher tun dürfen als wir – ein harter Brocken. In ihrer Verbitterung darüber meinte einst unsere Jüngste: «Dafür stirbst du früher – basta». Ich ließ das basta stehen, hörte noch schwesterliche Naseweisheit wie «Und du kannst schon morgen überfahren werden». Das wies sie von sich, mit «der liebe Gott wisse schon, was er mache, und überhaupt».

Und überhaupt – ab und zu oder regelmäßig in einer Gruppe von etwa gleichaltrigen Kindern ohne Geschwister mit Lehm zu spielen, etwas zu gestalten, kann eine Chance sein für jedes Kind. Für das ältere in der Famile heißt das, einmal nicht am besten sein müssen, ungestraft saften und kraften können, wie dies sonst Zwei- und Dreijährige tun, ohne sich lächerlich zu machen. Für mittlere, sogenannte Sandwichkinder kann es befreiend sein, sich weder nach unten noch nach oben ausrichten zu müssen, sondern auf die Suche zu gehen nach eigenem Ausdruck mit vielfältiger Anregung ringsum. Vom jüngsten Kind und seiner Wettbewerbssituation habe ich bereits erzählt. In der Gruppe erlebe ich diese Kinder oft abwartend, zaghaft, angewiesen auf Zuwendung und Aufforderung. Oft bringen ihnen das die andern Kinder weit geschickter und natürlicher entgegen, als ich es könnte. Einzelkinder leben im ständigen Vergleich mit dem Erwachsenen, der alles besser kann und alles darf, oder der viele Tätigkeiten wie Bauen, Zeichnen, Malen, Tonen gar nicht mehr macht oder dann nur dem Kind zuliebe. Das Gruppenerlebnis muß für diese Kinder besonders stark sein, denn ich sehe oft, daß ihre Freude und die Faszination,

mehrere Kinder um sich zu haben, die alle dasselbe tun, sie ganz gefangen nimmt. Sie müssen meist eine Weile zuschauen und staunen, können aber auch rote Backen bekommen und fast ausflippen, alle Angst vor Neuem vergessen und sich auf Material und Abenteuer einlassen.
Kinder, die zu Hause bereits gelernt haben, aus Plastilinwürstchen Schnecken und Vogelnestchen zu machen, haben es schwieriger. Sie warten auch in der Kindergruppe auf Anweisung und Anleitung Erwachsener, denn sie können ja nicht wissen, daß man aus lauter Spaß kneten, bohren, drücken, kneifen, spielen kann, ohne daß daraus etwas Sichtbares und für Erwachsene Benennbares entstehen muß. Wer solches liest und sich dabei ertappt, seinen Kindern ähnliches vorgegeben zu haben, den möchte ich herzlich bitten:

– Gehen Sie bitte jetzt nicht in Sack und Asche einher und malen sich die möglichen Neurosen aus, die Ihr Kind dadurch später einmal haben könnte.

– Erinnern Sie sich statt dessen an Situationen, in denen Sie Ihrem Kind herzlich und menschlich begegnet sind und zählen Sie diese für sich selber auf. Eine wird Ihnen bestimmt einfallen, und die übrigen hat Ihr Kind nicht vergessen.

– So haben Sie vielleicht weder Zeter noch Mordio geschrien, als es die Flasche mit Himbeersirup auf den Küchenboden fallen ließ, oder Sie haben mit Schirm und Taschenlampe im Nachthemd den Teddybären im Garten gesucht, statt den Spruch vom «wer keinen Kopf hat, hat Füße» wieder einmal durchzugeben (was übrigens in meinen Ohren verdächtig ähnlich wie Auge um Auge, Zahn um Zahn tönt). Oder Sie haben Ihre fürchterlichen Rache-, Straf- und Wutmaßnahmen für schreckliches Benehmen, ohne zu wissen warum, im letzten Moment in einen gemeinsamen Hallenbad-Besuch umgewandelt oder . . . oder . . .

Auf diesem Hintergrund wird jedes Kind Plastilinschnecken und andere schöpferische Ausrutscher schadlos überstehen. Wollen Sie dennoch Buße tun, dann kaufen Sie morgen 5 bis 15 kg Naturton, billig in der Ziegelei oder etwas teurer im nächsten Farbladen oder Do-it-your-self-Geschäft. Es ist auch für Schulkinder nie zu spät, sich spielend mit Ton auseinanderzusetzen, vorausgesetzt, daß wir es wagen, mitzutun und bereit sind, in späten Jahren etwas ungewohnte, natürliche Erfahrungen zu machen.

Naturton ist ein Material mit hohem Aufforderungscharakter zum sozialen Lernen. Wenn Kinder gemeinsam damit spielen und werken heißt das: miteinander reden und mit sich selber, einander im Schweigen verstehen, den andern machen lassen, zueinander Brücken bauen und wieder abbrechen, seinen Beitrag zu einem Ganzen einbringen, sich abgrenzen, den Anschluß suchen, oder ohne Worte anmelden: Ich habe mit mir selber zu tun und gehöre doch zu euch.

Kleine Kinder sind geduldige, engagierte, lebendige und didaktisch großartige Lehrmeister. Von ihnen können wir ein Stück vom lustigen Lernen, das von „Lust haben" kommt, wieder lernen, wenn wir guten Willens sind.

Naturton – Heilerde für Kinder

Wenn wir heute Heile Welt sagen, meinen wir damit «von gestern, weltfremd, unrealistisch» oder ähnliches. Kein Wunder, denn wer würde heute im Ernst unsere Welt als heil bezeichnen wollen? Heilkräfte, vor allem solche, die aus der Natur kommen, die werden, wie ich's erlebe, heute von vielen Leuten wieder ernst genommen – vielleicht gerade weil Forschung, Wissenschaft, Technik und Fortschrittsglaube keine bewohnbare und bebaubare Erde in Aussicht stellen können. Eine solche aber möchten wir doch eigentlich alle haben, für uns, vor allem für unsere Kinder. Denn wo sollen wir denn hin, wenn dieser Stern uns nicht mehr trägt und nährt?

Einen Klumpen Lehm zu nehmen und damit «zurück zur Natur» zu postulieren, wäre in diesem Zusammenhang wohl lächerlich und weltweit gesehen wenig nützlich. Nur – was haben wir als einzelne Mutter, als Vater, als Großeltern und Erzieher eigentlich für weniger lächerliche Möglichkeiten, uns für die Weltsituation unserer Kinder wirkungsvoll einzusetzen? Könnte nicht eine Möglichkeit tatsächlich die sein, unsere Kinder etwas mehr zu «erden», sie vermehrt hinzuführen zu dem, was es schon immer und ohne unser Dazutun gegeben hat und hoffentlich noch eine Weile geben wird? Von der Erde, von Steinen, Dreck und Lehm kann ich meinen Kindern heute noch unbelastet erzählen, während ich sie hinführe oder ihnen solches zum Spielen und Handeln gebe, einfach so. Vom Holz, dem andern herrlichen Naturmaterial unserer Breitengraden, kann ich das schon nicht mehr unbefangen tun. Bereits vier- bis fünfjährige Kinder erzählen mir mit großen Augen vom Waldsterben, von Borkenkäfern und kranken, dürren Bäumen, wenn ich ihnen die Jahresringe der Bäume zeigen möchte, wenn wir zusammen Harz riechen. Der Märchenwald von Jorinde und Joringel, von Schneewittchen und von Hänsel und Gretel hat ein Janusgesicht bekommen, ein traurig wahres, krankes, das weitgehend das unsere ist.

Deshalb meine ich, wäre heute noch Zeit, ungestraft, uneingeschränkt und ohne Giftgefahr mit Lehm und Ton aus der Erde zu spielen, weil es sie noch gibt. Heute sind unsere Kinder Kinder und haben die ungeheure Möglichkeit, mit so wenig und nur mit sich selber eine Reihe von Glücksmomenten zu erleben – Glücksmomente, die körperlich empfunden, ausbaubar und lebenswichtig sind. Es ist Freude und abenteuerliches Tun, für das weder sie noch wir noch sonst jemand im Nachhinein büßen muß, vorausgesetzt, wir kümmern uns vorgängig ein bißchen um A wie Arbeitsplatz, (Seite 138). Wir brauchen zu diesem Vergnügen kaum Geld und kaum Benzin, denn es kann bei uns zu Hause oder in nächster Nähe stattfinden, im Sommer auf einigen Steinplatten, im Winter in jeder Wohnung oder in einem Nebenraum. Wenn nun aber etwas fast nichts kostet, läßt sich damit auch kaum etwas verdienen, im Gegensatz zu Computer-Spielen, technischem Spielzeug, Kinderförderungsprogrammen und Unterhaltung jeglicher Art.

Kinder sprengen oft den gegebenen Rahmen. Ich erlebe sie dabei weder als Chaoten noch als Anarchisten, sondern als Schöpfer einer neuen, möglichen Ordnung – vorausgesetzt, wir geben ihnen Raum dazu.

Das heißt, sich mit Lehm und Ton einlassen, ist wenig attraktiv in unsern Wertmaßstäben, und auf gezielte Werbung müssen wir von vornherein verzichten.

Das wiederum hätte den Vorteil, daß wir in diesem Bereich anhand von Erfahrungen selber wieder zum Denken kommen, statt uns von Werbe- und andern Fachleuten sagen zu lassen, was für unsere Kinder gut und nützlich sei. Kompliziertes Werkzeug brauchen wir auch keins, denn unsere Hände genügen, und die gehen weder kaputt noch verloren. Technische Pannen, die uns bei aufziehbarem oder ferngesteuertem Spielzeug, aber auch bei Computer- und ähnlichen Spielen rat- und hilflos sitzen lassen, sind beim Tonen nicht möglich. Was unsere Hände dabei tun, ist sichtbar, verstehbar, nachvollziehbar. Es gibt keinen Abfall, der irgendwer irgendwie möglichst giftfrei wieder beseitigen muß. Ausgetrockneten Lehm übergießen wir mit Wasser und lassen ihn über Nacht stehen. Diesen «Pfludi» wieder zu brauchbarem, formbarem Lehm zu kneten, macht Kindern Spaß, vielleicht kommen sie auch auf die Idee, ihn mit Wasser noch mehr zu verdünnen und damit zu Sommerszeiten mit Nachbars Kindern ein Pfludifest zu veranstalten und uns hoffentlich dazu einzuladen (siehe Pf wie Pfludi, Seite 145).

Eine Wut im Bauch haben gehört zum Kindsein, zum Menschsein überhaupt. Wenn wir nicht Bauch- oder anderes Weh bekommen wollen, müssen wir sie jedoch ab und zu loswerden.

Aber wie? Lehm ist geduldig und erträgt schadlos, was sonst keine Sache und kein Wesen verkraftet: Kneifen, schlagen, boxen, durchbohren, seine Fingernägel hineinkrallen und mit den Füßen treten. Wo kann man dies schon ohne schlechtes Gewissen und böse Folgen tun?

Einen guten Eindruck machen

Das möchten wir doch alle. Manchmal gelingt es uns; wenn wir kleine Kinder dabei haben eher weniger. Das liegt nach meiner Erfahrung nicht so sehr an der Erziehung als an der Tatsache, daß kleine Kinder das sagen, was sie wollen und wenig von dem, was Erwachsene gerne hören möchten. Zudem sind kleine Kinder meist in Bewegung und auf Entdeckungsreisen, in einer Umgebung, die nicht damit gerechnet hat. Eigentlich komisch, als ob alle Stadtväter, Planer und Architekten kinderlos wären! Hautnah müssen sie doch erfahren und sofort in berufliche Taten umsetzen, daß kleine Kinder mehrheitlich rennen, krabbeln, klettern, schreien, jauchzen, toben, purzeln und von Natur aus fast nie «schön still» sind, wie wir das gerne möchten. Womit auch gleich gesagt ist, was wir «schön» und «weniger schön» finden. Höchstens mit dem Bildschirm lassen sich Kinder vorübergehend äußerlich ruhig halten. Ich glaube aber, daß damit viele Kinder innerlich ruhelos werden, daß sie Angst und Zerrbilder als Fetzen von Unverstandenem mit sich herumtragen und mit in ihre Träume nehmen.

Aufgefallen ist mir aber, daß nicht nur Fernsehkinder Unverarbeitetes im Umgang mit Ton ausspielen, sondern daß jedes Kind starke, vor allem auch negative Gefühle in sich trägt, die es sonst nicht oder zu wenig zeigen kann. Vielleicht fehlen kleinen Kindern noch die Worte dazu oder wir verstehen ihre oft verschlüsselten Mitteilungen nicht. Vielleicht hat ein Kind Angst, unsere Liebe und Zuwendung zu verlieren, wenn es Wut, Eifersucht und Verzweiflung offen zeigen würde, oder es verbirgt seine Traurigkeit und seine Angst, weil es spürt, daß wir mit der unseren schlecht zurecht kommen.

Solch starken Gefühlen Ausdruck geben, indem man selber mit den Händen drückt, ist wohl etwas vom Befreiendsten, was kleine Kinder tun können. Kleine Kinder? Ich habe Erwachsene, Frauen und Männer erlebt, die nicht genug bekommen konnten, eine Lehmfratze mit den schlimmsten Schimpfwörtern von hoch oben auf den Boden zu knallen, (wie viel echter tönt doch das berndeutsche «tätschen», denn in diesem Wortklang ist das Feuchte, Saftige noch drin . . .) und sie haben dabei abwechslungsweise gewütet, geschimpft und gelacht, gelacht! Doch zurück zu den Kindern: Eine Fünfjährige brummt vor sich hin: «Du elende Drecksau, dich versenke ich in diesem Turm, Ratten und Mäuse sollen dich fressen, und wenn du tot bist, erschieße ich dich mit Kanonen zu Veilchenpulver . . .» Mit diesen Worten und finsterem Gesicht läßt die kleine Kinderhand ein winziges, nicht definierbares Lehmwesen in ein tiefes Loch verschwinden, das sie eigens für dieses Schauerspiel in ihren Lehmberg gegraben hat. Kleine Lehmbröckchen als Ratten und Mäuse folgen nach, aus einem großen Mocken Ton drückt sie einen flachen Deckel und legt ihn oben auf's Loch, dann beide Hände darüber. Ernst und gerade schaut sie mir ins Gesicht und sagt: so, einfach so. Was gibt es da noch zu sagen? Sie weiß, wer der kleine Dreckkerl ist, ich kann's höchstens vermuten, kaum verstehen, wenn ich sehe, wie zärtlich um elf Uhr der Babybruder begrüßt wird . . .

Kellerlöcher, Gefängnisse, verzauberte Weiher, Ungeheuer und Wölfe gibt es bei diesen Spielen immer wieder. Ich lasse sie laufen, übernehme manchmal selber eine Rolle mit einer dürftig geformten, kaum erkennbaren Lehmfigur, versuche damit, dem Kind und seiner sichtbar gewordenen Angst, Wut oder Ohnmacht ein Gegenüber zu sein. Mühe und Zweifel bekomme ich dann, wenn diese Figuren Tarzan, Superman und andere Film- und Fernsehnamen tragen und Krimis vom Bildschirm den Kindern ohne Fernseherfahrung vorspielen. Aber vielleicht ist das nebensächlich und mein Problem, weil es meine Wut auf die Erwachsenen und ihr Geschäft mit diesen Medien-Helden weckt?

Heiße der Gegner meinetwegen Batman oder Kalabatsch, wo kann man ihn sonst schon ungestraft in den Fäusten zerdrücken, erwürgen, zermalmen, auf den Boden schmettern, in Stücke reißen und mit den Füßen treten, ohne nachher Schuldgefühle zu haben? Und wie viel gesünder muß es sein, solches aktiv in einer guten Atmosphäre innerlich und äußerlich spielend nachzuvollziehen, als zehn Jahre später mittels Videobändern solchen Horrorszenen mit Menschen und nicht mit Lehmfiguren als Voyeur beizuwohnen?

Ich habe längst verstanden, weshalb Ton in der Therapie mit Kindern und Erwachsenen ein wichtiges Material geworden ist. Warum aber sollen nicht auch gesunde Kinder – was immer wir darunter verstehen – auf solch natürliche, handfeste Art ihre Gefühle ausdrücken? Ton läßt sich auch streicheln, man kann darauf liebevolle oder Kratzspuren hinterlassen. Im Gegensatz zum gemalten oder gezeichneten Bild aber lassen sie sich in Sekundenschnelle wieder wegkneten oder flachdrücken – auf daß wir für uns und für andere wieder einen guten Eindruck machen.

Jeder braucht Ansehen, jemanden, der ihn ansieht. Meine Kinder – eigene und anvertraute, möchten vor allem lachend, gütig und anerkennend angesehen werden. Ich eigentlich auch.

Präsenz oder Die Kunst, ganz gegenwärtig zu sein

Vielleicht bin ich so gerne mit kleinen Kindern zusammen, weil sich ihr Leben in der Gegenwart abspielt. Das ist bei uns Erwachsenen selten der Fall. So oft beschäftigen wir uns mit gestern und vorgestern! Sauerkraut stößt uns auf und versauert den heutigen Tag, oder wir verzuckern und vergolden längst vergangenes Glück mit Wehmut und «es war einmal». Zukünftiges und die Sorge, wie es morgen und übermorgen sein könnte, beschäftigen und beängstigen uns, und damit sind unsere Füße und unser Kopf selten am selben Ort. Wir haben es meisterhaft fertiggebracht, beim Appell im Beruf, zu Hause, ja sogar in den Ferien stets anwesend, aber selten wirklich da zu sein:

> Da sein heißt, daß jeder Teil von uns sich mit dem beschäftigt, was gerade ist.

Ob wir überhaupt noch realisieren, daß unser Alltag weitgehend ohne Präsenz funktioniert? Wir haben uns wohl schon so daran gewöhnt, daß uns das Absurde bereits normal erscheint. Heute kann jemand vom Bildschirm aus das Wort an uns richten und uns anschauen, ohne da, das heißt bei uns zu sein. Ja, er kann zum Zeitpunkt, da er scheinbar mit uns redet, sogar in der Badewanne liegen oder mit seinen Freunden Geburtstag feiern. Telefonieren wir jemandem, begrüßt uns häufig über's Band seine Stimme, ohne daß sie oder er zu Hause ist, und wir können ihr oder ihm eine Mitteilung machen, ohne daß wir oder sie und er da waren. Musik, ja ein ganzes Orchester können wir jederzeit hören, sogar beim Einkaufen. Wir brauchen dazu unser Lebtag nie einen Konzertsaal zu betreten oder die Instrumente zu sehen, die solche Töne erzeugen. Weiter noch, viele der Instrumente braucht es gar nicht mehr, ihr Ton und ihre Klangfarbe ist längst über Elektronik herstellbar. Daß uns beim Autofahren ein Radarauge überwacht, haben wir kapiert. Ferngesteuert und überwacht von irgendetwas irgendwo haben wir kein Gegenüber mehr, weder zum Diskutieren, zum Anschreien, noch zum Anlächeln, und wenn wir plötzlich zu weinen anfangen oder durchdrehen, kann uns niemand trösten, weil niemand, auch wir selber nicht, weiß, worum es geht.

Wir könnten weiterfahren mit Aufzählungen von Nicht-Da-Sein in unserem Alltag; könnten Kassetten, Billetautomaten, automatische Garagentüren und Kaffeemaschinen hinterfragen und vielleicht aufhören mit «Schwindel» oder «Was soll das eigentlich»? Manche tröstet der Spruch vom Rad der Zeit, das man eben nicht zurückdrehen kann – Schicksal.

Mich trösten die Kinder, die allesamt Meister und Künstler sind, nicht in dem, was sie herstellen, aber im Da-Sein. Deshalb möchte ich sie an keinem Tag in meinem Leben missen, auch wenn ich eins oder das andere (der eigenen, versteht sich) ab und zu kurzfristig ins Pfefferland wünsche. Kleine Kinder können sich vergessen im Spiel, können abheben vom Boden in die Phantasiewelt und sich gleichzeitig mitnehmen, körperlich nachvollziehen, was sie innerlich beschäftigt.

Selten erlebe ich aber Kinder so konzentriert, so ganz auf den Augenblick ausgerichtet wie beim Schaffen mit Ton. Ich kenne kaum ein anders Material, außer Malfarben, das bereits drei-, vierjährige Kinder über eine Stunde lang zu erfüllen vermag, ohne daß nachher negative «Sprungfeder-Wirkungen» auftauchen. Unzählige Male habe ich erlebt, wie kleine Kinder bis zur körperlichen und psychischen Erschöpfung mit Ton gespielt und gestaltet haben, und sie waren anschließend so rundum müde, ausgeglichen, entspannt und erfüllt vom gelebten Tun wie es Murmeltiere in meiner Vorstellung sein müssen, bevor sie in den Winterschlaf sinken. Es ist wohl die Faszination, alles, auch das Schwierigste und Unwahrscheinlichste, im jetzigen Moment und ohne Hilfe mit bloßen Händen spielbar und veränderbar machen zu können. Nichts braucht dabei unterdrückt oder auf später verschoben zu werden: Sprache, Kraft, Bewegung, Verrücktheiten und Unanständiges, Gefühle, Müdigkeit haben Platz und füllen das Jetzt in einer nur dem Kind vertrauten Ordnung, die morgen eine andere, wieder gegenwärtige sein wird.

Echte Gefahr droht unseren Kindern durch eine zubetonierte Umwelt mit zunehmendem Verkehr und immer weniger natürlichem Lebensraum. Giftstoffe in der Luft, im Boden und in der Nahrung, unsere gehetzte Lebensweise, Kernenergie zu Kriegs- und Friedenszwecken mit nicht absehbaren Folgen werfen lange Schatten und liefern angsterregenden Hintergrund zum heilen Kindsein nahe der Erde.

1 Es war einmal... oder Jedes Ding hat seine Geschichte

Gemütvolle Kinder sind ein Segen, mehrere davon in einer Familie sorgen für Tränen, Jauchzer, Schimpfwörter und Umarmungen in ständigem Wechsel – kurz, für einen bewegten Alltag. Den zu dokumentieren, Wichtiges und Wesentliches daraus für später festzuhalten, ist anspruchsvoll, und so sieht es denn auch bei uns entsprechend trostlos aus: Es gibt Fotobücher aus Zeiten, da die Kinder klein waren; später ab und zu ein Zufallsbild aus den Ferien. Keine Tonbandaufnahme von den ersten Worten, von glockenhellen Kinderstimmen, die «Alle meine Entlein» singen, von Blockgeflötetem unter dem Tannenbaum. Es gibt keinen Film von Bergwanderungen und vom Meeresstrand; und den ersten Kinderschuh zu versilbern, wie das noch meine Großmutter tat, haben wir auch verpaßt. Was mich tröstet, sind lebendige Erinnerungen, zwei davon freuen mich besonders, weil sie in Form von kleinen «Tonwerken» bis heute überlebt haben: der Leuchthund und der Cheminée-Ofen – jene Seufzerdinge aus Naturton. Als ich neulich im Estrich kramte, fand ich den Tonhund und anderes in einer Schachtel. Dabei fiel mir Jakob wieder ein, der kleine Jakob aus der Spielgruppe mit seinem Cheminée-Ofen . . .
Ich sah ihn vor mir, wie er mit ernster Miene zuschaute, als wir erstmals mit Naturton spielten. Seine Stirnfalten verrieten: «Was der Bauer nicht kennt . . .» Als der Lehm weggeräumt und der Boden aufgewischt war, um Raum für andere Spiele zu schaffen, kam er zu mir und verlangte ein Stück Lehm, «etwa so groß», während er mit beiden Händen ein Viereck in der Größe einer Milchtüte in die Luft zeichnete. Mit seinem Lehmmocken und einem feuchten Lappen setzte er sich allein an den Werktisch und kehrte uns den Rücken zu. Seinem kantigen Bubenkopf mit den beiden Haarwirbeln rechts und links sah ich von hinten an, daß er etwas Bestimmtes im Sinne hatte. Er formte einen viereckigen Block und verlangte etwas, mit dem er ein Loch hineingraben könnte. Ich zögerte einen Moment, hätte es lieber gesehen, wenn er das Material erst mit bloßen Händen bearbeitet hätte. Das merkte er wohl, und so fügte er hinzu: «Ich baue jetzt ein Cheminée*, wie mein Vater zu Hause. Hier kommt das Feuerloch, oben gibt's den Rauchabzug, auf der Seite die Luftzufuhr und hier Platz für's Holz.» Mir blieb die Sprache weg und ich staunte, wie klar und präzis der noch nicht sechsjährige Junge sein Vorhaben erkären konnte.

So wie es selten Bücher sind, die mich dazu bringen, meine Meinung zu revidieren, sondern Kinder, so war es auch Jakob mit seiner

* Offenes Kamin

zielstrebigen Hartnäckigkeit, der meiner Ansicht, kleinen Kindern sei beim Werken das Tun und nicht das Produkt wichtig, seinen Gegenbeweis lieferte. Ihm ging es vom ersten Moment an um ein klar definiertes Endprodukt, gleichzeitig um eine hohe Erwartung an sich selber. Ihn davon abzubringen wäre zweck- und sinnlos gewesen.

Als der Ofen unter vielen Wehen geboren war, erinnerte mich das Auf und Ab, das Ringen um eine Gestalt gewordene Idee an drei aufeinanderfolgenden Vormittagen tatsächlich an eine Geburt. Mehrmals war Jakob den Tränen nahe, verzweifelte fast, war wütend auf sich und auf den Lehm. Ich versuchte zu raten, ermutigte, blieb in der Nähe. Einmal seufzte er tief, legte den schweren Kopf auf die verkrusteten Hände und sagte: «Das ist es ja eben, du kannst mir nicht helfen, weil nur ich weiß, wie es sein muß.»

Erst als Jakob erschöpft aber zufrieden sein Werk vor sich hatte, war er frei und ansprechbar für anderes, fing wieder an, mit den andern Kindern zu spielen. Er experimentierte jetzt auch vergnügt mit Naturton, ohne daß daraus etwas Bestimmtes werden sollte. Zu Hause aber, so berichtete mir seine Mutter, formte er mit gleicher Intensität zwei weitere Öfen. Abwandlungen, Übungsstücke, Gesellenstücke vielleicht seines ersten Lehrmodells.

Und wie es zum Leuchthund kam ...

Weihnachten, Geheimnisse in der Luft, alljährliche Aufregung, Überraschungen hinter verschlossenen Türen – geplant, geklebt, gestrickt, unter Betten versteckt. Zu nächtlicher Stunde knisterte Geschenkpapier, verschwand unförmiges Zeugs unter der Bettdecke. Mütter sollten zu dieser Zeit entweder überall oder gar nicht vorhanden sein, sollen raten, helfen, geheimhalten und nichts wissen, auch nicht hören, was nicht für ihre Ohren bestimmt ist. Aber was tut man, wenn es zu später Stunde aus dem Kinderzimmer nach Sparschwein und Geldzählen statt nach Schlafen tönt? Man geht nicht hinein, versteht sich, bleibt diskret vor der Tür stehen und hört zufällig: « . . . siebenundzwanzig, achtundzwanzig – noch zwei Wochen Taschengeld, und ich kann ihn holen!»

Dann eine Stimme aus dem andern Bett: «Was hat er denn für Augen?»
«Ganz liebe, rote, und die leuchten, sag ich dir!»
Natürlich war es fies, mitzuhören, aber jetzt weggehen, ohne zu wissen, wessen Augen rot leuchten für neunundzwanzig Franken fünfzig,

das war zuviel verlangt. Also blieb ich mit schlechtem Gewissen stehen, und was mußte ich vernehmen? Meine Tochter gedachte, ihre ganzen Ersparnisse am nächsten freien Nachmittag in einen elektrifizierten Porzellanhund umzusetzen, der künftig mein Schlafgemach in ein schummeriges Licht hüllen sollte. «Ein Schnauzer, ein Foxer, so herzig, fast wie richtig», hörte ich noch mit weichen Knien. Meine Güte, wie konnte ich, ohne Seelenschaden anzurichten, dem Schicksal zuvorkommen, das in Form eines Leuchthundes auf mich zukam?

Ich entschloß mich für die Flucht nach vorn, denn die Zeit drängte. Zum Glück bot sich anderntags eine Gelegenheit, als mich meine Tochter fragte, ob ich ihren Wunschzettel anschauen wolle. «Ja gerne, und ich zeige dir den meinen», bluffte ich, denn ich hatte gar keinen. Während sie im oberen Stock den ihren holte, kritzelte ich in Windeseile auf den erstbesten Zettel «ein Büchsenöffner – ein Sack Wäscheklammern – ein Stadtbummel mit Riesencoupe* – ein neues Bügeleisen – ein Nachttischlämpchen.» Wir lasen unsere Listen gegenseitig – die ihre war sorgfältig geschrieben und liebevoll mit Zeichnungen gestaltet. Als sie zum Nachttischlämpchen kam, spiegelte sich auf ihrem Gesicht ein Gemisch von Überraschung, Freude, Schreck und Enttäuschung – es verschlug ihr die Sprache. «Ob ich denn . . . eben gerade . . . und eh . . . nein!» – Das war zuviel, sie saß auf meinem Schoß, schlang die Arme um meinen Hals und weinte. Das Geheimnis, das Halbwissen, das Nichtswissen konnte sie nicht allein bewältigen. So erzählte sie schluchzend vom reservierten Porzellanhund mit den Leuchtaugen im Schaufenster, und wie der doch hätte eine Überraschung sein sollen, während ich versicherte, wie gerne ich ein kleines Licht zum Einschlafen neben dem Bett hätte.

Mit dem Sparschwein in der Tasche fuhren wir noch in derselben Woche in die Stadt zum reservierten Hund, den eine geschmackvoll gekleidete Verkäuferin lächelnd auf den Ladentisch holte und mich prüfend ansah. Ja, wie verhält man sich gegenüber einem solchen Kleinod aus der Trick-Kiste eines Hobby-Designers, das in seiner gemüthaften Einfalt jedes Kinderherz erobern muß? Und dafür wollte meine Tocher, die mich von der Seite ebenfalls prüfend ansah, ihr ganzes, mühsam erspartes Vermögen ausgeben?

Mit welchen faulen Ausreden wir schließlich ohne Hund aus dem Laden kamen, weiß ich

* Eisbecher

nicht mehr. Hingegen, daß wir uns anschließend in einem schicken Tea-Room bei einer Tasse heißer Schokolade mit Nidel* auf einen selbstgemachten Leuchthund einigten. Wir erwogen verschiedene Modelle, einen aus vielen Schichten bekleistertem Seidenpapier mit Kabel und Glühbirne, dann einen aus Ton, wie ein Windlicht, mit einer Rechaud-Kerze im Bauch. Eines war gewiß, ich freute mich sehr darauf und versicherte, daß außer mir niemand einen solchen Hund haben würde. Hingegen den vom Laden könne sich jeder Dahergelaufene kaufen, sobald er oder sie dreißig Franken beieinander hätten.

Weihnachten rückte näher, eigenartig, vom Leuchthund hörte ich nichts mehr. Ob ich doch einen Kindertraum leichtsinnig der Vernunft und der Ästhetik geopfert hatte? Der Gedanke beschäftigte mich ab und zu. Umso größer war meine Freude, als ich an Weihnachten aus vielen Schichten Seidenpapier einen Tonschnauzer herausschälte. Seine Augen leuchteten zwar nicht, aber er trug eine stattliche Kerze auf dem Kopf. Lange Zeit stand er auf dem Bücherbrett über meinem Bett. Hätte jemand gewagt, ihn auch nur mit einem Mundwinkel zu belächeln oder gar als Edelkitsch zu bezeichnen, ich hätte

* Rahm

diese Person zur Strafe mit einem einstündigen Vortrag über «den Beziehungswert der Dinge in Bezug auf die emotionale Entwicklung der kindlichen Psyche» traktiert.

Der Camping-Kocher* aus Ton hingegen entstand mitten im Sommer aus Enttäuschung, Wut und Tränen, weil ein anderes Kind auf dem Flohmarkt einen echten solchen mit kleinen, elektrischen Herdplatten für einen halben Franken erstand, während meine Tochter nach Hause rannte, um das Geld dafür zu holen . . . Auf dem energiesparenden Alternativ-Modell mit der Rechaudkerze kochten sie und andere Kinder im Garten bis weit in den Herbst hinein gar manche Kräutersuppe.

* siehe Abbildung S. 39

2 Freudiges Ereignis heisst der kleine Dreckkerl

Ob ich's schon wisse, jetzt sei es da, nein noch nicht da, noch bei Mama im Spital, das kleine Brüderchen – so bestürmte mich Katja, außer sich vor Freude und Aufregung, als sie in die Kindergruppe kam. «Lorenz heißt es, Lorenz Mathias», fügte sie hinzu. «Er hat zwei Namen, wie ich, Katja Elisabeth.»

Spielen konnte sie an diesem Morgen kaum, ein inneres Motörchen schien sie laufend neu aufzuziehen und auf Trab zu halten. Vom Kaufladen wechselte sie zur Baustelle, vom Kochherd zu den Meerschweinchen, vom Zeichentisch zu den Glasperlen. Erschöpft ließ sie die angefangene Halskette sinken, schaute auf und sagte: «Großmama hat gesagt, daß eine große Schwester ganz wichtig sei.» Ja, das meinte ich auch, und ich sah ihren ernsten Augen an, wie sie sich innerlich aufrichtete für diese neue Rolle in ihrem Leben. Zwei Wochen später war Lorenz zu Hause. «Er weint oder schläft oder trinkt», und wenn Mama ihn

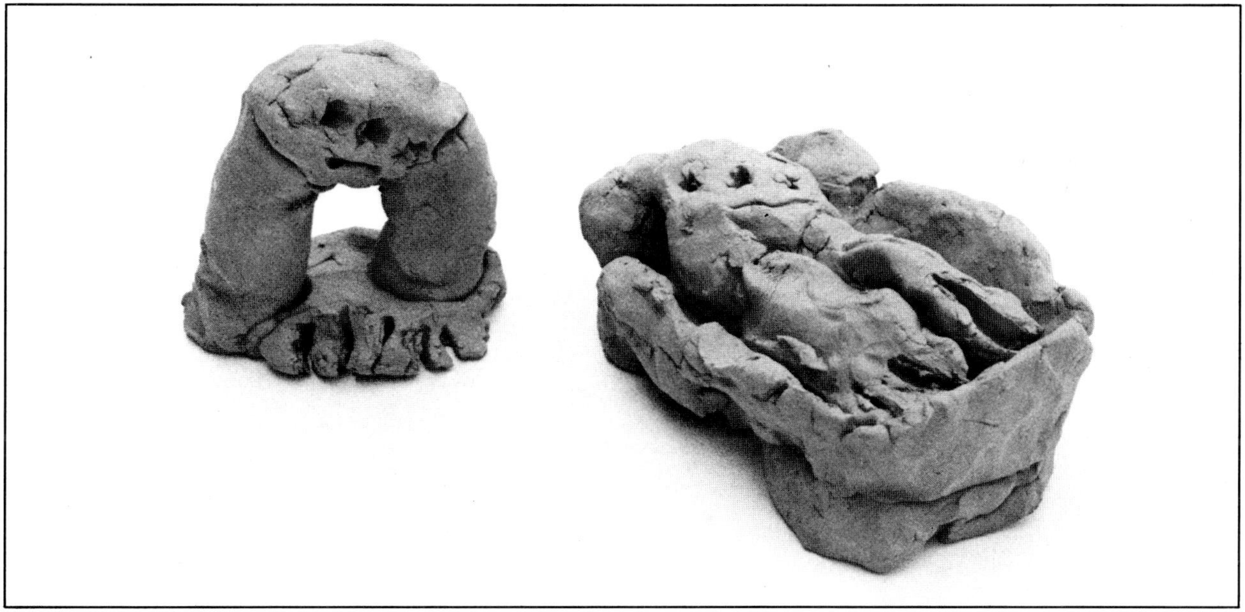

wickelt, wickle ich meine Puppe auf dem kleinen Wickeltisch daneben», erzählte sie.

Die überdrehte Freude und innere Unruhe war weg, Katja spielte ein wenig, doch ohne große Begeisterung. Sie wirkte müde, vielleicht wurde sie nachts öfters geweckt vom kleinen Bruder. Lorenz Mathias aber blieb ihr Gesprächsthema, mit mir, mit den andern Kindern. Vor allem eiferte sie dem großen Augenblick entgegen, an dem ihre Mutter sie erstmals mit dem kleinen Bruder im Kinderwagen in der Spielgruppe abholen sollte. Stolz, Freude, Verlegenheit und Gespanntheit im Wechsel und miteinander waren auf ihrem Gesicht zu lesen, als es endlich so weit war. Die Kinder durften der Reihe nach in den Wagen gucken, und ich unterhielt mich derweil mit Katjas Mutter. «So einen möchte ich auch», sagte Michèle und zog ihre Mutter am Mantel, während sie mit der andern Hand sanft über die sametweiche Decke des königsblauen Prachtswagens strich. Meinte sie nun den Bruder oder den Kinderwagen? Das war nicht herauszuhören. – Katja nickte wohlgefällig, was bedeuten konnte: «Den da könntest du ab und zu schon haben» oder «Siehst du, der gehört eben mir.»

Katja kam nach wie vor gerne in die Kindergruppe, mit dem Spielen aber wollte es nicht mehr so recht klappen. Meine Anregungen nahm sie wohl entgegen, rührte Suppe oder Brei, wenn sie jemand danach fragte, aber ihre Gedanken waren anderswo. Als ich mich einen Augenblick hinsetzte, rutschte sie auf meinen Schoß, kuschelte sich an mich, nahm den Daumen und meinte zwischendurch: «Ich mag nicht warten, bis Lorenz kommt.» Was für mich eher tönte wie «jetzt ist doch dieser Lausekerl bei Mama zu Hause und hat sie ganz für sich allein.» Ich wiegte Katja stillschweigend eine Weile. Anschließend fuhr sie ein paar wilde Runden mit dem Krankenauto und dominierte so eine kurze Weile mit Gehupe und Blaulicht die Spielszene. «Wollen wir zusammen aufräumen?» schlug ich ihr vor. Sie nickte mäßig begeistert, öffnete die Backofentür des hölzernen Kochherdes. Ich traute meinen Augen nicht: An einem Bein zog sie unsere nackte Baby-Puppe heraus, schaute sie mißmutig an und steckte sie kopfvoran ohne Kommentar unter das Federbett der Puppenwiege.

Keine fünf Minuten später war Lorenz da, und ich hätte mir keine zärtlichere und herzlichere Begrüßung vorstellen können, als sie ihm seine fünfjährige Schwester zukommen ließ. Die Mutter stand lächelnd daneben und freute sich. Ob sie etwas ahnte von dem, was in ihrer Tochter vorging, seit diese mit Lorenz zu rechnen hatte? Ich mochte sie nicht vor Katja fragen.

Hände sind das beste und das einzig notwendige Werkzeug zum Spielen und Werken mit Ton.

Jedes gesunde Kind und viele behinderte Kinder haben zwei solche Werkzeuge jederzeit bei sich und zur freien Verfügung. Hände sind pflegeleicht und ein Leben lang zu gebrauchen.

Für die nächste Woche hatte ich Naturton eingekauft. Damit wollte ich in dieser Kindergruppe erstmals spielen. Katja kam still und gedrückt daher, sprach weder auf mich noch auf die andern Kinder richtig an. Als ich die Malhemden verteilte, wollte sie erst keines, sie habe keine Lust zum Malen. Ich legte es vor sie hin und sagte, vielleicht möchte sie später auch mit Ton spielen.

Unserm wilden Treiben sah sie eine Weile gespannt zu, ohne selber mitzutun, schaute, wie wir den Ton in die Luft warfen und zu Boden fallen ließen, wie wir mit den Fäusten darauftrommelten und wie unsere Finger tiefe Löcher ins weiche, lehmige Material bohrten. Dabei regte sich doch etwas in ihr, und sie kam näher. «So, den kneifen wir jetzt mal so richtig», sagte ich und kniff mit Zeigefinger und Daumen in meinen Lehm-Mocken. «Kneifen und umdrehen tut noch viel mehr weh», sagte plötzlich jemand neben mir und war bereits daran, ihrem Lehm das Gesagte zu verabreichen. Die Kinder rundum schauten Katja zu und lachten. Katja bekam rote Backen und ereiferte sich immer mehr. Nach einer guten halben Stunde wollten einzelne Kinder etwas anderes spielen: «Ich mag nicht mehr, jetzt möchte ich mit dem Steckenpferd ausreiten», waren deutliche, ehrliche Aussagen Vierjähriger, die noch nicht trainiert sind, ihre Bedürfnisse zu überspielen oder sie nicht anzumelden.
Katja aber war noch eine ganze Weile vertieft, und es machte ihr nichts aus, daß die Kinder ringsum nach und nach vom Lehm weggingen. Im Alleingang wiederholte sie mehrmals alles, was ich vorher mit dem Lehm getan und dazu gesagt hatte. Seit der Geburt von Lorenz war es das erste Mal, daß sie so lange bei etwas verweilen konnte.

In den nächsten Tagen und Wochen wurde Ton das Spielmaterial für Katja. Kaum war sie da, steuerte sie darauf zu, fing damit zu spielen und zu reden an, bevor sie ihren zweikiloschweren Lehm-Brocken nur richtig ausgepackt hatte. Mir kam's vor, als ob bei diesem Tun ihre starken, widersprüchlichen und aufgestauten Gefühle den Weg zu den Händen fanden und damit geformt und ausgedrückt wurden. In regem Selbstgespräch, zum Teil auch im Gespräch mit mir oder mit andern Kinder, kommentierte sie das Geschehen halb verschlüsselt, halb direkt. Während zwei, drei aufeinanderfolgenden Tagen formte sie nichts Gegenständliches. Es blieb hauptsächlich beim Bohren, Kneifen, Schlagen, im Wechsel mit Streicheln, häufig begleitet von zärtlichen Lauten.

Ab und zu setzte ich mich mit einem Lehmstück zu ihr. Ich spielte damit etwa «Liebs Büsseli liebs Büsseli, bösi bösi Chatz».* Sie lachte darüber und von Herzen. Zu diesen Worten streichelte sie erst sanft und zärtlich über ihren Lehm, um bei «bösi bösi Chatz» unermittelt draufzuschlagen oder die Fingernägel einzukrallen. Es war Katjas Vers, mit dem sie von nun an jedesmal wie ein Ritual ihre Lehmspiele eröffnete. Ich denke, daß er, annehmbar für die Umwelt, genau das ausdrückte, was sie ihrem Bruder gegenüber empfand und so schwer mitteilen konnte.

Mit der Zeit wurden ihre Spiele gegenständlicher. Sie fing an, mit bloßen Händen Höhlen und tiefe Löcher zu graben. Das Gesicht dicht über Finsternis und Abgrundtiefe gebeugt, murmelte sie allerlei Unverständliches. Hin und wieder ließ sie kleine Lehmstücke in die Tiefe fallen, steckte solche in den finstersten Winkel ihrer Höhle und pflasterte den Eingang mit Lehm zu. Ich hörte, wie sie dazu erzählte: «Hä hä hä, lachte die böse Hexe und das arme Kind konnte jammern und weinen, wie es wollte.» «Und dann?» fragte das Kind, das neben ihr ebenfalls mit Ton spielte, und von dieser dramatischen Geschichte hörte. «Ja dann, kam eine große, schöne Frau, wollte das arme Kind holen, aber die Ratten und Mäuse hatten es schon gefressen.» Wenn sie gnädiger gestimmt war, ließ die Frau ein dickes Seil herunter oder entdeckte eine Spalte in der Höhle, durch die sie das Seil hineinschieben konnte. Im letzten Moment konnte sich dann das Kind daran festhalten, so daß die schöne Frau es herauszog. Solches erzählte Katja nicht nur, sie spielte es gleichzeitig: Eine dünne, lange Lehmwurst war das Seil, ein länglicher, aufgestellter «Tradel» mit Augen und Mund die schöne Frau, und so weiter.

Mich faszinierte dabei, zu sehen, mit welcher Intensität Katja in ihrem sonst gedämpften, leicht abwesenden Verhalten solche Spiele spielte. Ich merkte, wie sie aus ihrem Innersten kamen, daß sich hier etwas von dem abspielte, was sie beschäftigte, bedrückte. Wenn sie sich etwa eine Stunde später die Hände wusch, wirkte sie freier, offener auch für ein anderes Spiel, für das, was andere Kinder sagten oder taten.

Die letzte, eigentlich dritte Phase ihrer Lehmspiele werde ich nie vergessen, denn sie war so einmalig und so dicht, wie ich seither nicht mehr ähnliches erlebt habe: Eines Tages sah ich, wie Katja ihre liebe Mühe hatte, aus Ton einen

* Büsseli = kleine Katze

Kinderwagen zu formen, sie zitterte dabei, war fahrig und aufgeregt. Ob ich ihr helfen sollte? Ich quetschte vier etwa gleich große Lehmballen flach, Katja drückte sie als Räder an das schalenartige Ding, das den Kinderwagen darstellen sollte. Eine Stange zum Stoßen wollte sie noch haben, beim vordern Rad links setzte sie einen kleinen Lehmtupfen auf, die Bremse. «Damit er nicht etwa die Straße hinuntersaust, während Mama beim Bäcker ist, das wär's noch!» meinte sie dazu. «Ja, das wär's noch», widerholte ich, und wir fühlten uns einig, auch wenn ich nicht so genau wußte, wie das für Katja gewesen wäre ... Sie wußte es wahrscheinlich selber nicht, aber der Ausspruch paßte. Nun wollte sie eine Matratze haben, Kissen, Federbett, Bettflasche. Den ganzen Bettinhalt stellten wir aus Ton ohne Mühe in wenigen Minuten her. – «Und das Bébé?» fragte sie und schaute mich prüfend an. «Das könntest du wohl machen, denke ich, ich habe keins mehr zu Hause», versuchte ich zu steuern.

Sie legte die Stirn in Falten, schürzte die Lippen und nahm langsam, nachdenklich ein Stück Ton in ihre Faust. Andächtig drückte sie fest zu und als sie die Hand wieder öffnete, glich das, was herauskam, eher einem vierfüßigen Wesen. Sie schaute es eine Weile kritisch an, zog hier und dort daran, setzte zuoberst eine Kugel drauf und drückte mit dem Fingernagel Augenlöcher hinein. «Herzig, gell?» sagte sie zu mir und hielt mir das Ding unter die Nase. Ob's Platz hatte im Kinderwagen? Sie hob die feuchte, klebrige Decke, legte das Bébé hinein, es streckte die Füße über den Wagenrand.

Mit einer total veränderten Stimme und voll rührender Vorsorge beugte sie sich über den Wagen: «Oh du mein armer, kleiner Schatz, sollen dir etwa die Füßchen abfrieren?» Sie bog dem Kleinen sorgfältig die Knie und deckte ihn liebevoll zu. «So, und jetzt machen wir deinen Schoppen, nein nicht weinen ...» Katja war beim Thema. Sie spielte zärtlich und mit einer Innigkeit mütterliche Zuneigung zum kleinen Bruder, den sie aber nie beim Namen nannte. Alles, was es zu Hause um ihn herum und für ihn gab, formte sie aus Lehm: Wickeltisch, einen Stapel Windeln, Milchflaschen, Breipfanne, die Waage, sein Spielzeug. So aggressiv sie an all den Tagen vorher gespielt hatte, so zärtlich und fast überschwenglich spielte sie jetzt, fast eine Stunde lang.

Plötzlich schaute sie auf und rief zu mir hinüber: «Soll ich aufräumen?»
«Du kannst deine Sachen gut stehen lassen für morgen, wir decken sie mit einem feuchten Tuch zu», erwiderte ich und fühlte mich sicher.

«Nein, das brauchen wir nicht mehr», beschloß Katja entschieden, und während ich ihr in den nächsten fünf Minuten zuschaute, bröckelte meine Sicherheit zusehends ab und machte Staunen Platz: Erst nahm sie den Wickeltisch und zermatschte ihn genüßlich zwischen den Fingern. «So, den brauchen wir nicht mehr», pflatsch, klatschte der unförmige Lehmfladen auf den Tisch. «Windeln brauchen wir auch nicht mehr.» Das gleiche Schicksal ereilte auch sie. Eins ums andere kam so dran, wurde zerdrückt und mit «das brauchen wir nicht mehr» hingepflatscht. Bébés Teddybär, die Bettflasche, die Waage, der Inhalt des Kinderwagens, – bis zuletzt nur noch das Baby blieb. Sie hielt einen Moment inne, küßte das Ding flüchtig auf's Lehmgesicht, zermatschte es mit einem Griff in beiden Fäusten. «Dich brauchen wir auch nicht mehr, voilà.» Und mit voilà klatschte sie das Flach-Bébé oben auf die vermatschte Welt.

«Fertig, aufgeräumt», rief sie mir zu und klatschte in die Hände. Sie hüpfte vom Stuhl, ihre Mutter kam eben zur Tür herein, mit noch lehmverschmierten Händen rannte Katja ihr entgegen.
«Ich habe gespielt», rief sie ihr zu. «So, was denn?» fragte die Mutter. «Einfach so», antwortete sie, drehte den Rücken und hüpfte zum Spültrog, um sich die Hände zu waschen. Die Mutter lachte, freute sich, wie fröhlich Katja war. Ich sagte, daß ihr das Spiel mit Ton in letzter Zeit viel bedeute.

Wie lange Katjas Bruder-Spiel mit Lehm noch dauerte, kann ich nicht genau sagen. Ich weiß nur, daß es noch einige Male stattfand, daß sie es jedesmal ein bißchen erweiterte. Jedenfalls kam auch die Mutter als Lehmfigur hinzu. Der Schluß aber, das Aufräumen, wie Katja es legitim nannte, war und blieb der Höhepunkt, und es spielte sich jedesmal auf die beschriebene Weise ab. Mit «Das brauchen wir nicht mehr» zerdrückte sie eins ums andere, auch die Lehm-Mutter wurde nicht verschont, das Bébé aber kam immer zuletzt.

«Katja, hat dein Bébé eigentlich keine Geschwister?» wollte ich einmal von ihr wissen. Sie kniff die Augen zusammen, spielte Schlaumeier, Katz und Maus mit mir: «Nein, leider nicht, es ist ganz allein auf dieser Welt», sagte sie mit tragischem Tonfall, während ihre Mundwinkel zuckten und es in ihren Schelmenaugen blitzte.

3 Schmetterlinge – Schmetterdinge

Grimassen schneiden

Daß in meiner Jugendzeit alle Mädchen Schürzen trugen, kommt mir heute spaßig vor. Halbschürzen, in den oberen Schuljahren, galten bereits als mutig und gewagt. Eines unserer Lieblingsspiele kann ich mir heute ohne Schürzen gar nicht vorstellen – Grimassen verkaufen. Zu viert, zu sechst saßen wir auf einem sonnigen Gartenmäuerchen, hielten die Schürzen vors Gesicht und schnitten dahinter entsetzliche Fratzen, derweil ein Kind als Grimassenkäufer mit dem Inhaber des Ladens verhandelte. Während die hinter den Schürzen krampfhaft versuchten, ihre Grimassen unbeweglich beizubehalten, hörten sie die zwei miteinander reden: «Was für eine möchten Sie denn haben, eher fürs Schlafzimmer oder für den Garten?» Der große Moment bestand darin, daß der Verkäufer eine Grimasse um die andere enthüllte, das heißt, die Schürzen vor den Gesichtern wegnahm. Unbeweglich mußte nun die Entblößte verharren und sie durfte nicht lachen. Aber auch Käufer und Verkäufer gaben sich ernst und gelassen, bis der Handel abgeschlossen war.

Unterdessen haben Jeans und Latzhosen die Schürzen längst in die Küche verbannt, der Spaß am Grimassenschneiden aber ist geblieben. So erlebe ich's jedenfalls mit meinen eigenen Kindern und in der Spielgruppe. An einem Geburtstagsfest mit Neunjährigen haben wir zusammen Grimassenverkaufen gespielt. Statt Schürzen verhüllten Geschirrtücher unsere Gesichter. Das war ein Spaß! Mädchen und Jungen kugelten sich vor Lachen. Ich selber sah plötzlich wieder die Hilda vor mir, eine Schulkollegin, die ich längst vergessen hatte, als mich eines der Kinder mit schielenden, heruntergezogenen Bernhardineraugen anglotzte. Genauso hatte die Hilda immer dreingeschaut, wenn sie unter der Schürze hervorkam!

Nicht daß ich meine, Grimassen seien an eine bestimmte Jahreszeit gebunden, aber bei uns werden sie fast immer aktuell, wenn Weihnachten und erster Schneezauber vorüber sind, wenn's draußen föhnig, wüst und leer ist, wenn Katzen ums Haus jammern und die meisten Leute Schnupfen oder Grippe haben. Nun könnte es ja tatsächlich sein, daß Fasnacht, Karneval und Fasching nicht von ungefähr in diese Zeit fallen. So gegen Ende Februar spielen meine Kinder jedenfalls mehr denn je verrückte Spiele, hängen alte Gardinen über den Kopf und geistern als heulende Gespenster durchs Haus. Fast jedes Jahr haben wir miteinander um diese Zeit Masken erfunden, aus Papiertüten, Früchtekartons, alten Socken, Papiertellern. Auch kleinen Kindern machte es Spaß, Masken

mit wertlosem Material zu gestalten und zu schmücken, und es gab dabei lustige und einmalige Werke, die sie über den Kopf zogen oder an einem Stecken vors Gesicht hielten. Das hätte wohl alljährlich mit Variationen so stattgefunden, wäre nicht Fabian dazwischen gekommen. Fabian, der mit seinen viereinhalb Jahren die Phantasie dreier Kinder, das Temperament von drei weiteren und die Ausdauer eines Flamingos beim Sterngucken in sich vereinigte.

Kinder, die aus dem Rahmen fallen

Fabian hatte oft nicht einmal Zeit, die Stiefel und den Mantel auszuziehen, schon saß er am Werktisch und begann, noch in den Fausthandschuhen, mit der Schere zu hantieren. Wenn diese ihn störten, flogen sie in weitem Bogen irgendwohin. Mit rollenden Augen, wild gestikulierend, redete er drauf los, mehr zu sich selber als zu mir und den anderen Kindern – heute, mache er einen Feuerschlucker, alles rot, zündrot und heiß . . . Dann ging er ans Werk, wühlte wie ein tollwütiger Maulwurf sämtliches Material durcheinander, pflatschte in Windeseile eine riesige Leimpfütze irgendwohin und patschte mit der flachen Hand das Erstbeste drauf. Die anderen Kinder waren schlichtweg überfordert, schauten entweder mit offenem Mund zu, wurden böse und versuchten, den Wirbelsturm zu bremsen, oder sie riefen verzweifelt um Hilfe. Und was tat der Lebenskünstler, wenn ich dazu kam? Er hüpfte vom Stuhl, auf dem er ohnehin nie saß, sondern an dem er in halsbrecherischer Weise herumturnte, nahm das Sekunden-Zufallsprodukt, hielt es vor den Kopf und führte damit einen ausgelassenen Tanz auf. Dabei rutschte ihm der zu kurz gewordene Pullover hinauf, die Hosen hinunter, so daß sein runder Kinderbauch sichtbar wurde. Ob seine Verrenkungen und das Gehopse, das er vollführte, ein verzweifelter Versuch war zu verhindern, daß die Hosen ganz hinunterrutschten – mit den Händen mußte er ja das «Gekrauter» vor das Gesicht halten – oder ob's einfach ein unsagbar komischer Bauchtanz war, das habe ich nie herausgefunden. Eins aber war sicher: Keines der Kinder war ihm auch nur eine Minute böse, sie lachten und konnten sich nicht sattsehen an seinem kapriolenhaften Maskentanz, den er mit halb grunzenden, halb quietschenden Lauten begleitete.

Als die Mutter von Fabian, übernächtigt und völlig erschöpft von ihrem Wirbelwind, bei mir einmal Trost und Rat suchte, beschlossen wir gemeinsam, ihn sachte und in kleinen Schritten vermehrt zu ruhigerem Tun hinzuführen – nicht zuletzt, weil auch ihm bald ein Kindergartenjahr mit einer wesentlich größeren Kindergruppe

bevorstand. Ich nahm mir vor, am nächsten Spielgruppenmorgen Zeit und Ruhe zu haben, um mit Fabian aus wertlosem Material eine Fasnachtsmaske herzustellen. Ruhe und Geduld ausstrahlend, voll pädagogisch verkappter Zielstrebigkeit fing ich ihn ab, als er mit zwei Purzelbäumen, bei denen ein Stiefel durch die Luft flog, zur Tür hereinkugelte. Etwas später kniete er willig neben mir am Werktisch und ließ sich das Material einzeln vorführen, während er von mir wissen wollte, ob der Hals von E.T. wohl aus einem alten Staubsaugerschlauch gemacht sei. «Womit möchtest Du beginnen?» fragte ich ihn und breitete Karton von verschiedenen Formen und Größen vor ihm aus.
«Mit dem Hals», antwortete er sinnigerweise, denn schließlich beschäftigte ihn der Hals von E.T. «Aber den Hals hast du ja selber, wenn du eine Maske trägst,» versuchte ich zu argumentieren.
Er kniff die Augen zusammen und schaute mich pfiffig an.
«Aber weißt du, daß es auch Halsmasken gibt?»
Nein, das wisse ich nicht und ich hätte auch noch nie eine solche gesehen, antwortete ich wahrheitsgetreu.
«Schade.»
Er zuckte mit den Achseln und schien etwas enttäuscht über meine Unzulänglichkeit in diesem Bereich. Dann wollte er eine mit riesengroßem Maul und Zähnen haben. Dieser Vorschlag gefiel mir schon besser, schien konkret und machbar. Nur war Fabian unterdessen schon wieder vom Stuhl gerutscht und stand vor dem Spiegel, wo er unter dem Pagenschnitt ein böses Gesicht schnitt, so daß die winzigen Milchzähne blitzten. «Hast du gesehen, solch ein wildes Raubtier mache ich jetzt.» Schwups war er wieder auf dem Stuhl und stieß mit der Scherenspitze in ein dickes Papier.
«Das gibt das Mundloch», meinte er und ich wußte nicht, was gefährlicher war, ihn weiter mit der Schere fuchteln zu lassen oder einzugreifen. Er zwackte ein Stück heraus, aber das Papier mit dem Loch war viel zu klein für eine Maske. Um ihn nicht zu entmutigen, sagte ich nichts und suchte unauffällig nach einem größeren Stück, auf das sich das Loch hätte montieren lassen. Währenddem zwackte er von einem gelben Karton ein paar spitze Schnipsel ab – Raubtierzähne. Flink griff er zur Klebstoff-Tube und wollte nach üblichem Muster eine Leimorgie veranstalten, als ich ihm vorschlug, die Zähne mit dem Bostitch zu befestigen. Er war begeistert davon als er sah, wie zünftig man mit der Faust auf den Bostitch schlagen konnte, und seine Geduld reichte für fünfeinhalb Zähne. Zufrieden mit dem Teilerfolg wollte ich ihm den oberen Maskenteil schmackhaft

machen. Doch verblüfft sah ich, wie er dem Maskenmaul einen Zahn um den anderen wieder ausriß.
«Was tust du denn jetzt?»
«Weißt du, der will nämlich die Zunge herausstrecken und die hat gar keinen Platz», sagte Fabian und riß den letzten Halbzahn weg.
Er erwartete wohl keine Antwort, wühlte im Material und zog ein rotes Früchtenetz heraus.
«Zungen sind rot, nicht wahr?» fragte er mehr rhetorisch, griff nach dem Bostitch und hätte sich bestimmt eine Klammer in den Daumen gejagt, hätte ich ihn nicht schnell weggezogen.
«Gelt, Unfälle gibts halt», meinte er und wollte unbedingt, daß man die Zunge herausstrecken und zurückziehen konnte. Das schien mir unter den gegebenen Voraussetzungen eher schwierig.
Er aber blieb hartnäckig, wir montierten einen dicken Faden, es funktionierte halbwegs.
Endlich, seufzte ich innerlich und wollte nochmals versuchen, ihn für die ganze Maske zu motivieren. Doch wie ein böser Witz kam's mir vor, als ich sah, wie er die Zunge samt der Vorrichtung energisch wieder abmontierte.
Etwas bestürzt muß ich schon dreingeschaut haben, denn er sagte freundlich zu mir: «Weißt du, immer Zähne zeigen und Zunge herausstrekken, das mag er nicht. Manchmal lacht er auch oder macht den Mund einfach zu.»
Dem konnte ich, außer meiner Ratlosigkeit, nichts entgegenhalten. Kampfmüde schaute ich zu, wie er auf das zahn- und zungenlose Loch einen großen Fetzen rotes Glanzpapier pflasterte.
«So, jetzt hat er ein Zumaul, fertig», und weg war er.
Wenn das alles auch nicht länger als eine Viertelstunde gedauert hatte, ich fühlte mich erschöpft und im Geist eng mit Fabians Mutter verbunden. Wieder einmal überkamen mich Zweifel dem prozeßorientierten Werken gegenüber, das ich landauf, landab vertrat, denn der Kräfteaufwand im Vergleich zum Resultat war erschlagend.
«Schau, ein Pfeifmaul», rief mir jemand aus dem Korridor zu.
Fabian baumelte auf dem obersten Querholz der Strickleiter und pfiff aus gebüschelten Lippen. Als wir eine Stunde später zusammen Früchte und Brot aßen, saß er neben mir.
«Fabian» fragte ich, «wolltest du eigentlich heute morgen eine Maske machen?»
«Nein, aber du», gab er zur Antwort. Das war harte, dicke Post. Aber genau die Post ist es, ehrlich und direkt, wie sie kleine Kinder liefern. Post die mich fordert, an meine Grenzen führt und dazu zwingt, nach neuen Ansätzen zu suchen.

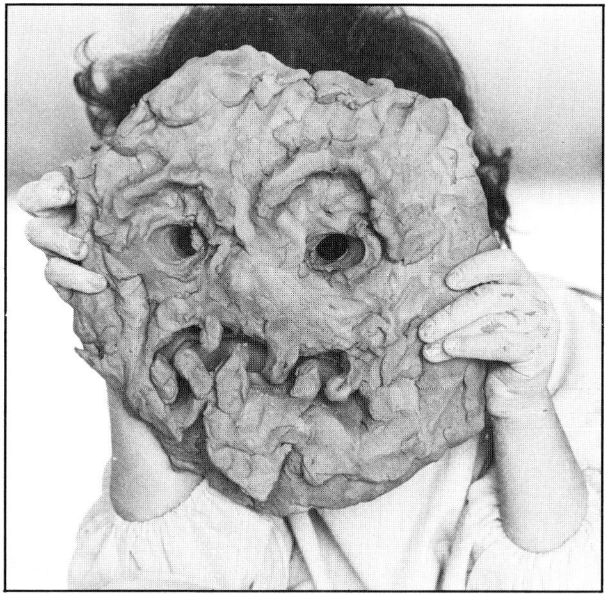
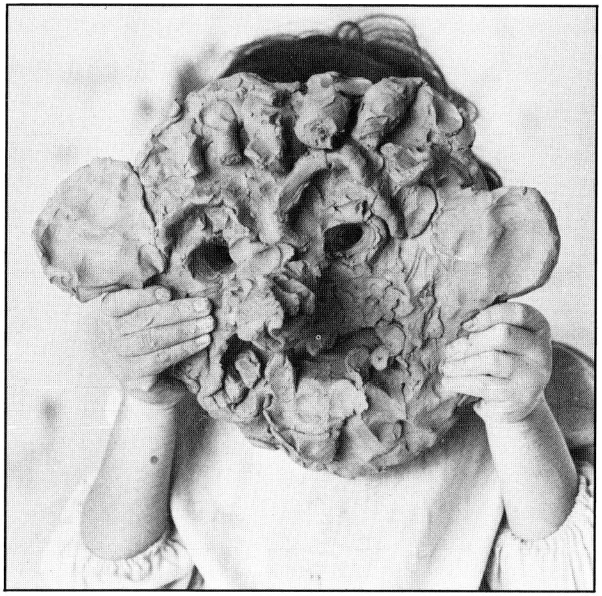

Spielend leicht Veränderung erleben

Daß Kinder durch Nachahmung lernen, weiß ich ja, und doch war ich nicht gefaßt auf das, was sich in den nächsten Tagen rund um den Werktisch abspielen sollte. Wohl gab's zwei, drei geduldige, handwerklich geschickte Kinder, die weiterhin an einer Fasnachtsmaske arbeiteten. Aber immer wieder kam es vor, daß Kinder, vor allem die jüngeren, sich irgendetwas vom Materialtisch schnappten, vors Gesicht hielten und in ähnlicher Weise wie Fabian damit spielten. Ich sah, daß es sie besonders reizte, das Gesicht zu verstecken und daß für sie der lange Bastelweg bis zur selbstgemachten Maske zu mühsam und zu beschwerlich war.

Wenn mich Leute etwa fragten, nach welchen Themen ich in der Kindergruppe arbeite, antwortete ich meist: «Das Thema sind die Kinder selber.» Also kam ich jetzt wohl kaum darum herum, etwas aus dem Bastel-Flop mit Fabian zu machen und aus dem, was die anderen Kinder anmeldeten.

So räumten wir den Werktisch mit dem wertlosen Material vorübergehend weg und ich nahm mir vor, mit den Kindern im Kellerraum mit Lehm-Masken zu spielen. Daß es lustig werden könnte, hatte ich geahnt, aber daß dabei Spiele von solcher Dichte und Intensität entstehen würden, darauf war ich nicht gefaßt. Natürlich war Fabian das tragende Element, Zündstoff in jedem sich abzeichnenden Moment der Flaute. Aber nicht nur: Alle zehn Kinder hatten eine unwahrscheinliche Freude, ihren großen Lehmmocken immer wieder mit aller Kraft auf den bloßen Zementboden zu schmettern. Kein bißchen Sorge tragen mußten wir hier, sogar die Wände durften Dreckspritzer abbekommen. Ich hatte mir vorher überlegt, wie ich im Spiel die Kinder Schritt für Schritt zur Lehmmaske führen wollte, aber sie waren selber schon im Thema vom Gesichter-Verstekken vertieft, daß ich gar nicht dazukam. «Schau da, ein Fasnachts-Toggel!» rief Beat und bohrte mit dem Zeigefinger zwei Löcher in seinen Lehmfladen, der vor ihm am Boden lag. Es dauerte keine fünf Minuten, da hatte jedes Kind seine Maske. Mit wenigen Handgriffen kreierten sie verblüffende Fratzen, außer Pia, die entweder Hunger hatte oder aus anderen triftigen Gründen aus ihrem Lehm eine riesige Wurst formte. Aber wer sagt denn eigentlich, daß immer alle dasselbe tun müssen? Daß man nur dann zur Gemeinschaft gehört, wenn man im selben Moment vom Gleichen betroffen ist wie alle anderen? Den Einstieg ins Maskenspiel fand Pia etwas später, indem sie das obere Drittel ihrer Leberwurst mit beiden Händen würgte, mit dem Finger zwei Augenlöcher bohrte und einen Mund zeichnete: «So, das ist ein Murmeltier, das jetzt auch zur Fasnacht kommt, aber es hat sich als Murmeltier verkleidet.»

Nachdem die Kinder eine gute Weile mit ihren Masken gespielt hatten, fragte ich sie, ob wir zusammen Grimassen-Schule machen wollen. Sie waren einverstanden. Wir knieten uns im Halbkreis auf den nicht sehr warmen Boden und jedes legte seinen Lehmfladen vor sich hin. Gerade als ich mit der Grimassen-Schule beginnen wollte, kam mir Fabian zuvor: «So, jetzt zeig' ich Dir ein Bösemaul», sagte er und stützte sich dazu so auf die Hände, daß sein Gesicht sich wie ein Spiegelbild über die Maske beugte. Dazu schnitt er eine zähnefletschende Grimasse. «Jetzt kannst du's nachmachen», sagte er zur Maske, als hätte diese nun im Spiegel das Vorbild gesehen. Mit zwei, drei Handgriffen formte er ein schreckliches Riesenmaul. Ich staunte wieder einmal, welch großartige Didaktiker kleine Kinder sind! Dieses Vorgehen fanden die anderen Kinder so lustig, daß sie es ihm gleich nachtaten. Sekundenschnell waren die Bösemäuler fertig, doch Fabian hielt die Maske nicht etwa vors Gesicht, sondern lehnte sich zurück, schob Bauch und Brustkorb nach vorne und klatschte die Maske wie ein Riesenmedaillon mitten auf seine Brust. Das sah zu komisch aus – zum Glück hatte ich die Mütter vorgewarnt und die Kinder trugen alte Pullover oder Malschürzen. Das Spiel ging weiter, auf die gleiche Weise gab's Lachmäuler, Zumäuler, Pfeifmäuler und Zungenherausstreckmäuler. Zunehmend mutiger und geschickter wurden die Kinder im Formen von Gesichtern. Ganz besonders gefiel ihnen, sich lachend hinter einer greulichen Fratze zu verbergen, die den anderen Angst einjagte.

Schmetterlinge im Keller

Bei solchen Spielen habe ich oft Mühe, die Kinder im richtigen Moment und auf eine gute Art dazu zu bringen, die geformten Sachen wieder in einen Lehmklumpen zu verwandeln. Kleine Kinder können rasch eine intensive Beziehung entwickeln zu einem von ihnen geschaffenen Wesen, das für uns weiter nichts ist als ein Stück Lehm. So ging es mir auch hier. Als die Masken immer lebendiger und ausdrucksvoller wurden, spielte ich einen Moment mit dem Gedanken, sie den Kindern mit nach Hause zu geben, hatte aber ein ungutes Gefühl dabei. Was würde daheim aus ihnen werden? Wahrscheinlich würden sie auf dem Büchergestell oder im Kinderzimmer einen Platz finden,

zum Ausstellungsobjekt werden, eintrocknen und zerbröckeln. Das Faszinierende aber, unser Spiel mit der Veränderung und die starken Gefühle, die dabei zum Ausdruck kamen, das ließ sich weder heimnehmen noch konservieren. Beim Abwägen kam mir Reto zu Hilfe. Vom Knien auf dem harten Boden müde geworden, stand er auf, spazierte im Raum herum und hielt seine Maske wie ein Servierbrett auf dem senkrecht in die Höhe gestreckten Arm über dem Kopf. Er ging im Taktschritt und sang dazu: «Träm, Träm, träderi-di» – den Bernermarsch. Bald gab's einen Umzug durch den Keller, die Kinder zogen mit ihrer Maske hinter Reto her und sangen. Fabian wurde dies bald zu eng oder zu viel, katzfalsch sang er irgendetwas dazwischen und tanzte aus der Reihe. Die Maske hielt er vor sich hin, schaute sie an und sagte mit strenger Miene: «Mußt du Esel so falsch singen, he? Wart nur, dir will ich!»
Mit Wucht flog das Lehmding, Gesicht nach unten, auf den Kellerboden. Einen Moment blickten die Kinder entsetzt drein, dann schauten sie fragend zu mir. Vielleicht war das die Möglichkeit, das Spiel aufzulösen? Jedenfalls klatschte in den nächsten fünf Minuten ein böses Lehmgesicht nach dem andern auf den Zementboden, gefolgt von Schimpfnamen, die man zum Glück ob dem Geschmetter nur zur Hälfte verstand. Mitten im Tumult rief Fabian: «Das sind Schmetterlinge, lauter Schmetterlinge!»
Nur Erwachsene können dazu im Keller in der Luft nach Schmetterlingen Ausschau halten. Bereits lachte eines der Kinder, das diese neue Bedeutung des Wortes richtig verstanden hatte: «Ja genau, Schmetterlinge sind das!» und schmetterte seinen Lehmfladen erneut mit einem Jauchzer zu Boden.

So friedlich, so müde und gelöst wie an jenem Morgen sind die Kinder kaum je aus der Spielgruppe nach Hause gegangen. Mit Lehmspuren auf Haar, Gesicht und Kleidern, doch so, als wäre manch gestaute Wut mit den Schmetterlingen – Schmetterdingen auf und davon geflogen.

Die meisten Mütter möchten saubere Kinder. Begreiflich, denn Hygiene und Medizin haben es möglich gemacht, die Kindersterblichkeit um ein Vielfaches zu senken.

Dreck aber, sauberer Dreck wie Ton, Lehm und Erde ist gesundes, natürliches Lebenselement.

Hohe Aufmerksamkeit, Lust und Freude, Hingabe an die Sache und an den Augenblick gehören dazu, um schöpferisch tätig zu sein.

4 Hier lebte von anno... bis... Spuren hinterlassen

Achtzehn kleine ziegelrote Ahnentafeln schmücken den Eingang des Kindergartens. Jedes Kind hat in der Größe einer Postkarte ein Bild von sich mit der Stricknadel in eine weiche Naturtonplatte geritzt. Wenn es später als Schulkind vorbei kommt oder nach dreißig Jahren gar als Vater oder Mutter, wird es sich lachend, staunend wiedererkennen. Die Tonplättchen sehen lustig aus, halten dem Wetter und den Jahren stand. Ich könnte mir solche Visitenkarten auch am Hauseingang oder an der Wohnungstür vorstellen, die mit Bild und Namen versehen die einzelnen Familienmitglieder zeigen. So würden Kinder nie mehr ihren Hauseingang verwechseln, und seltene Besucher wüßten gleich, ob die Kinder jetzt – verflixt nochmal – Sabine und Tobias oder Sarah und Thomas heißen . . . Die Ahnengalerie im Kindergarten hat eine Vorgeschichte. Anna Barbara, die Kindergärtnerin, hat sie mir erzählt:

«Gegen Jahresende stellte ich fest, daß die meisten Kinder sich selber noch nie gezeichnet haben. So suchte ich nach spielerischen Möglichkeiten, sich und die andern etwas bewußter wahrzunehmen. Wir tasteten einander mit geschlossenen Augen ab, erspürten dabei krauses Haar und Schnittlauchlocken, fühlten rauhe Haut an den Händen oder einen Fingerring. Mir fiel auf, wie die Kinder aufmerksamer wurden, sich während dem Spiel vermehrt anschauten, nach dem Stoff einer Hose griffen oder einander Zahnlücken zeigten. «Ich und Du» war ein Thema, das in irgendeiner Form jedes Kind interessierte, spätestens als wir das «Nasetuch» erfanden. In ein altes Leintuch schnitten wir ein Loch, in das eine Kindnase paßt. Ein Kind wurde mit dem Tuch zugedeckt, ein anderes mußte erraten, zu wem die Nasenspitze gehöre. Schlaumeier! Mitnichten guckten sie die Nase an, sondern schauten blitzschnell, welches Kind im Kreis fehlte. Auch wenn dieses Spiel nicht wie geplant verlief, es machte vor allem den jüngeren Kinder Spaß, sich unter dem Tuch zu verstecken, und sie lachten darunter, so daß es ein leichtes war, sie zu erkennen. Durchs Tuch hindurch ertasteten die Kinder ihre Körperteile. «Das sind Arme, das ist der Bauch, das sind zwei Beine . . . » Auch wenn diese Übung von Lachen und allerlei Schabernack begleitet war, den Kindern wurde dadurch bewußter, aus welchen Teilen ein menschlicher Körper besteht. Mit geschlossenen Augen zeichneten wir ein andermal uns selber in die Luft, in Lebensgröße, mit dem Zeigefinger oder mit der ganzen Hand. Wer bei den Schuhen angelangt war, klopfte auf den Boden. Eine Gruppe von Kindern zeichnete jeweils, die andere schaute zu. Es war köstlich zu sehen, wie unterschiedlich jedes Kind die Aufgabe anpackte, mutig und klar mit gewagten Strichen die einen, zaghaft und wage die andern.

Später holten wir große Blätter, auf die sich jedes Kind mit dicken Filzstiften in Lebensgröße zeichnete. Es gab herrliche Begriffsbilder, das heißt, jedes Kind zeichnete seiner Entwicklung entsprechend das, was es von sich selber begriffen hatte. So entstanden drollige Kopffüßler, einer mit Ohren gleich neben den Händen, aber auch Wunschbilder: ein Mädchen im Sommerkleid mit einem Band im langen Haar, während die Malerin Jeans und einen kurzen Haarschnitt trug . . . Wir befestigten diese Großporträts an den Wänden, die Kinder betrachteten und kommentierten sie täglich.

Unterdessen gab's gegenüber eine Baugrube, den Aushub für einen neuen Kindergarten! Die Bauarbeiter, die Maschinen, die aufgeschüttete Erde wurden zum Tagesthema, und es war nicht leicht, die Kinder jeweils rechtzeitig auf den Heimweg zu schicken. Als ich einmal am Bauplatz vorbeiging, bückte auch ich mich verstohlen und holte mir mit bloßen Händen etwas vom lehmigen Boden. Der Klumpen enthielt zwei Sorten Lehm, ockergelben und schiefergrauen. Ich nahm davon je einen Mocken mit, und wir verrührten beide anderntags mit Wasser zu sämigem Brei, einem gelben und einem grauen. Das gefiel den Kindern. Mit diesen zwei Erdfarben und mit dicken Borstenpinsel malten wir auf große, weiße Blätter. Es gab eigenartig schöne Bilder. Der Lehm und die Erde aus der Grube faszinierte die Kinder so sehr, daß wir anderntags mit Gummistiefeln, Schaufel und einem Kessel ausgerüstet zur Baustelle gingen. Der Bauführer forderte uns lachend auf, zu nehmen, was wir brauchten. Im Kindergarten schoben wir zwei Tische zusammen, schützten Boden und Tischplatten mit Plastikfolie und schütteten unsere Lehmerde drauf. War das ein Spaß und eine Freude – der beliebteste Spielplatz für Tage! «Ein Wurm, ein Wurm», rief plötzlich ein Kind, und tatsächlich, aus einem Erdloch schlängelte sich ein Regenwurm. Es gab eine lebendige Anschauung und viele gute Gespräche über Boden, Erde, Tiere, die darin wohnen. Ich staunte, wie umsichtig die Kinder waren und wie diese Baustelle im Kindergarten möglich und tragbar war.

Als der Lehm-Tisch weggeräumt war, brachte ich für jedes Kind zwei Kilo richtigen Naturton aus der Ziegelei in den Kindergarten. Sie betrachteten, befühlten ihn interessiert, stellten fest, daß er feiner, gleichmäßiger, gleichfarbiger war als der aus der Baugrube. Mit diesem Ton spielten wir jetzt am Boden, kneteten, schlugen ihn, bohrten Löcher und bauten Höhlen und

Wurmhäuser. Ich merkte, daß die Kinder jetzt «dreckgewohnt» waren und diese Spiele ausnahmslos genossen, ohne daß etwas Bestimmtes entstehen mußte.

In der letzten Kindergartenwoche schlug ich ihnen vor, mir ein Andenken zurückzulassen. Das wollten die Kinder gerne. Jedes bekam ein gleich großes Stück Ton. Wir schlugen es so auf den Tisch, daß daraus ein Quader entstand. Mit einer Flasche rollten wir ihn zu einer rechteckigen Platte von zehn mal fünfzehn Zentimetern. Es machte den Kindern nichts aus, so gezielt und nach Vorschrift zu arbeiten, wohl weil sie vorher lange und ausgiebig frei mit Ton und Erde gespielt und gestaltet hatten. Keines der Kinder hatte Schwierigkeiten, sich selber mit einer Stricknadel in den weichen Lehm zu zeichnen. Sie holten auch Schrauben, Flaschendeckel und Knöpfe und schmückten damit ihr Porträt. Wenn mich die Kinder in der ersten Schulwoche besuchen kommen, werde ich ihnen die gebrannten Tontafeln zeigen.

Eine Überraschung, ein Andenken, mit dem ich nicht gerechnet hatte, entdeckte ich beim Aufräumen hinter den Steckenpferden und den Gartenschaufeln. Dort fand ich ein unförmiges Lehmgebilde. Ich hob es sorgfältig auf, was sollte es nur sein? Ich sah ein Loch, das ich vorsichtig etwas vergrößerte. In der feuchten, erdigen Höhle lag zusammengeringelt, aber lebendig – unser Regenwurm. Auf dem Weg zum Komposthaufen bat ich ihn, dort zu bleiben, damit die Kinder ihn jederzeit besuchen könnten."

5 Aufrichten – dem Himmel entgegen

Hätte ich für den fünfjährigen Mirco eine Berufsprognose stellen müssen, ich wäre auf Flachmaler oder Plattenleger gekommen. Erstens lag er beim Spielen meistens flach auf dem Bauch, wenn er nicht gerade an der Strickleiter baumelte oder auf dem Steckenpferd in wilden Sprüngen durch den langen Korridor galoppierte, und zweitens war alles, was er aus Naturton gestaltete, flach. Mehr noch: Er brachte es fertig, aus unzähligen kleinen Lehmkugeln, die er einzeln flachdrückte, so etwas wie einen pflastersteinähnlichen Bodenbelag auf unseren roten Werktisch zu legen. Der sonst so temperamentvolle Nachzügler – seine beiden Geschwister besuchten die letzten Schuljahre – konnte fast eine Stunde lang einen kleinen Lehmfladen neben den andern drücken und sich an der interessanten Fläche freuen, die er so in Kleinarbeit gestaltete. Fragte ihn etwa ein anderes Kind: «Was gibt das?» oder «Was soll das sein?» schaute er auf, musterte den Frager kurz mit seinen dunklen Augen und fuhr, ohne ihm zu antworten, unbeirrt mit seiner Arbeit fort.

Zum Zeichnen lag Mirco meist auf dem Bauch und ließ sich weder von Kindern stören, die über ihn hüpften, noch von solchen, die an seinen Malstiftenbecher stießen. Seine Zeichnungen kannte ich aus allen heraus: einen Teil des Blattes bedeckte er mit wildem Gekritzel, daneben gabs einmalige Gestalten; Kopffüßler, Tiere, Bäume, Häuser, lauter Flachfiguren, die aussahen wie Omeletten oder Osterfladen mit Armen, Beinen und Gesichtern.

Mit Ton spielte Mirco oft und gerne. «Plättchenlegen» liebte er über alles, aber mit der Zeit entstand auch Gegenständliches. Aus Lehmwürsten formte er lineare Gestalten, ähnlich den gezeichneten Flachfiguren. Als sein Freund sich beim Skifahren ein Bein brach, zeichnete Mirco ihn auf diese Weise mit Ton. Er schenkte mir die Darstellung, und wir haben später davon ein Bild gemacht. Mit wenigen Strichen gelang es ihm, den an der Krücke humpelnden Freund festzuhalten.

Einmal geschah es . . .

Mich beeindruckte zu sehen, wie konsequent Mirco seine Flachphase durchhielt, selbst wenn neben ihm andere Kinder mit Ton dreidimensional gestalteten. Als es Sommer wurde und der Zirkus in die Nähe kam, waren wochenlang wilde Löwen sein Thema. Er spielte sie selber, baute in der Kindergruppe aus Tüchern und mit dem alten Waschseil einen Löwenkäfig und brachte mir eines Tages eine gelb beklebte WC-Rolle mit wilden Wollfäden rundum, in der

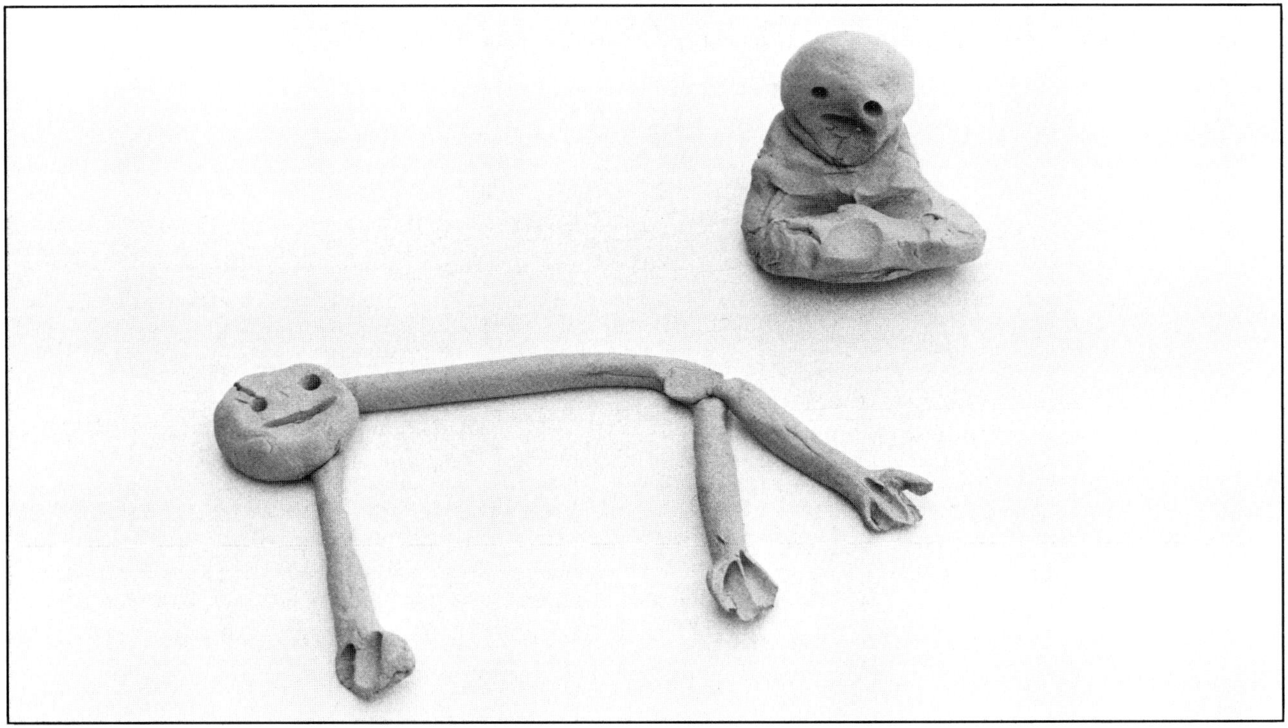

ich zum Glück gleich den Löwen erkannte und würdigte. Daß zu dieser Zeit auch ein Raubtier aus Ton entstand, war also nicht verwunderlich. Nur, verglichen mit dem wilden Wesen aus der Karton-Rolle, wirkte der Löwe aus Tonwürsten erbärmlich und zahm, kam buchstäblich flach heraus. Mirco wollte wissen, ob er mir gefalle. Ich behielt meine Anregung, vier Beine statt nur zwei und eine wilde Mähne oder Zähne als Löwenmerkmale anzubringen, für mich. Schließlich war das Mircos Art, mit Lehm einen Löwen darzustellen, und wenn mir der auch wenig gefährlich vorkam, so war es nicht an mir, ihn davon abzubringen.

Allerdings muß Mirco meine mäßige Begeisterung gespürt haben. Er schaute mich prüfend an und sagte plötzlich: «Warte, ich bin noch nicht fertig!» Ich sah, wie er geschickt und schnell einen «Manoggel»* formte, ein herumliegendes Streichholz ergatterte und diesem damit zwei Hohlaugen in den Glatzkopf stach. So legte er ihn neben den Löwen und meinte: «Schau, das ist der ‹Löwenlebändiger›!» Wahrscheinlich mutete ihn dieser liegende Mehlsack selber nicht sehr heldenhaft an, denn kurzentschlossen drückte er ihm mit beiden Daumen kräftig auf

* Männchen

den dicken Lehmbauch. Und was tat der ‹Bändiger›? Er wurde tatsächlich ‹lebändig› und richtet sich auf, das heißt, durch massiven Daumendruck hob er Oberkörper und Kugelkopf vom Boden. Verblüfft blieb Mirco vor ihm sitzen, schaute ihn an, dann mich: «Jetzt ist er aufgestanden!» meinte er erstaunt. Tatsächlich, der Flachmann hatte sich ein Stück weit aufgerichtet, saß zum mindesten, wenn er auch nicht direkt stand. Wir lachten zusammen und freuten uns an dem eigenständigen Zirkuskünstler.

Ein anderer, Größerer werden ...

Damals war mir nicht bewußt, was dabei in Mirco selber vorgegangen war. Ich kam erst nach und nach darauf, wurde hellhörig, als er sich anderntags an den Werktisch setzte. Aus seinem Lehmstück entstand weder ein neuer Bodenbelag noch eine Flachfigur, und es gab davon auch später keine mehr. Statt dessen formte er einen hohen Berg. Nicht hoch genug konnte er den Ton in die Höhe drücken, in die Höhe ziehen – etwas völlig Neues, das ich bei Mirco bis jetzt noch nie beobachtet hatte. Ob damit das ‹flache Zeitalter› endgültig abgeschlossen war? Einzig seine Konzentration und die Hingabe an dieses Material waren gleich geblieben. Man sah diesem Kind buchstäblich an, wie es die neue Richtung, diese andere

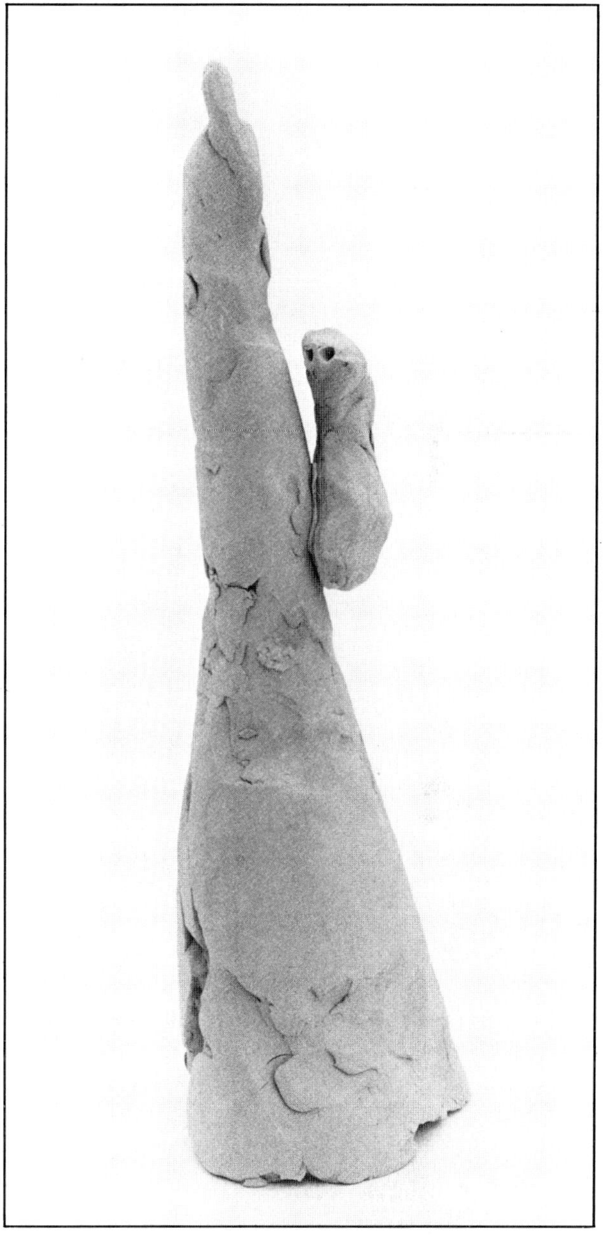

Dimension auskostete, auch wenn er dazu kein Wort sagte – im Gegensatz zu andern Kindern, die ihr Werken mit Ton laufend selber kommentieren.

Mirco kam mir vor wie ein stiller, nach innen gekehrter Bergsteiger. Er selber richtete sich beim Schaffen immer mehr auf. Während er bei seinen Flacharbeiten stets über den Tisch gebeugt war und das Gesicht dicht bei den werkenden Händen gehalten hatte, kniete er jetzt mit geradem Rücken auf dem Stuhl, bis er schließlich draufstand und von oben auf die Bergspitze guckte. Er winkte mich zu sich her ‹Schau, wie der hoch oben ist!› und deutete auf ein lehmiges Etwas, das kurz unter dem Gipfel klebte – wohl ein waghalsiger Kletterer in einsamer Höhe.

Mircos Berg war kein Kunstwerk, aber echter, kindlicher Ausdruck einer neuen Entwicklungsphase, in die er mit dem sich aufrichtenden Löwenbändiger – war es ein Zufall? – eingetreten war. Aus dem Plattenleger, dem Flachmaler war ein Erstbesteiger geworden. Sollte er nun besser den Beruf eines Dachdeckers, Kaminfegers oder Himalajaforschers ergreifen? Zum Glück hatte er noch gute zehn Jahre Zeit, um weitere Dimensionen und andere Berufe ansatzweise durchzuspielen.

Sich Raum nehmen

An den folgenden Tagen, und so lange Mirco in die Kindergruppe kam, gestaltete er mit seinem Ton anders. Seine Figuren hatten jetzt eine andere Dimension, brauchten Raum. Er baute einen Flugzeugträger, eine Straßenwalze im Riesenformat, und als ihn einmal die alte Sehnsucht nach den Tonwürsten überkam, richtete er sich aus Lehm einen Gartengrill ein mit jeder Menge Cervelats, Bratwürsten und Schüblig. Als ein anderes Kind dazukam, gabs auch noch Ferkel und ein Schaf. «So, und wenn der Rauch nicht bolzgerade in den Himmel steigt, schlage ich dich tot», hörte ich im Vorbeigehen ein Kind sagen. Erschrocken blieb ich stehen, merkte aber bald, daß der Schritt vom Sonntagsgrill zu Kain und Abel für kleine Kinder normal und machbar ist.

So dicht und so hautnah wie bei Mirco habe ich den Übergang vom Flächigen ins Dreidimensionale nie mehr mitbekommen und im Bild festhalten können. Mircos «Löwenlebändiger» aber ist für mich zur Schlüsselfigur geworden, um das kindliche Aufrichten neu zu sehen und zu verstehen. Durch ihn habe ich erfahren, daß sich praktisch jedes gesunde Kind innerlich noch einmal aufrichtet, so wie es sich erstmals vom Boden aufrichtete, als es ungefähr ein Jahr alt war. Das bedeutet für mich nicht irgend-

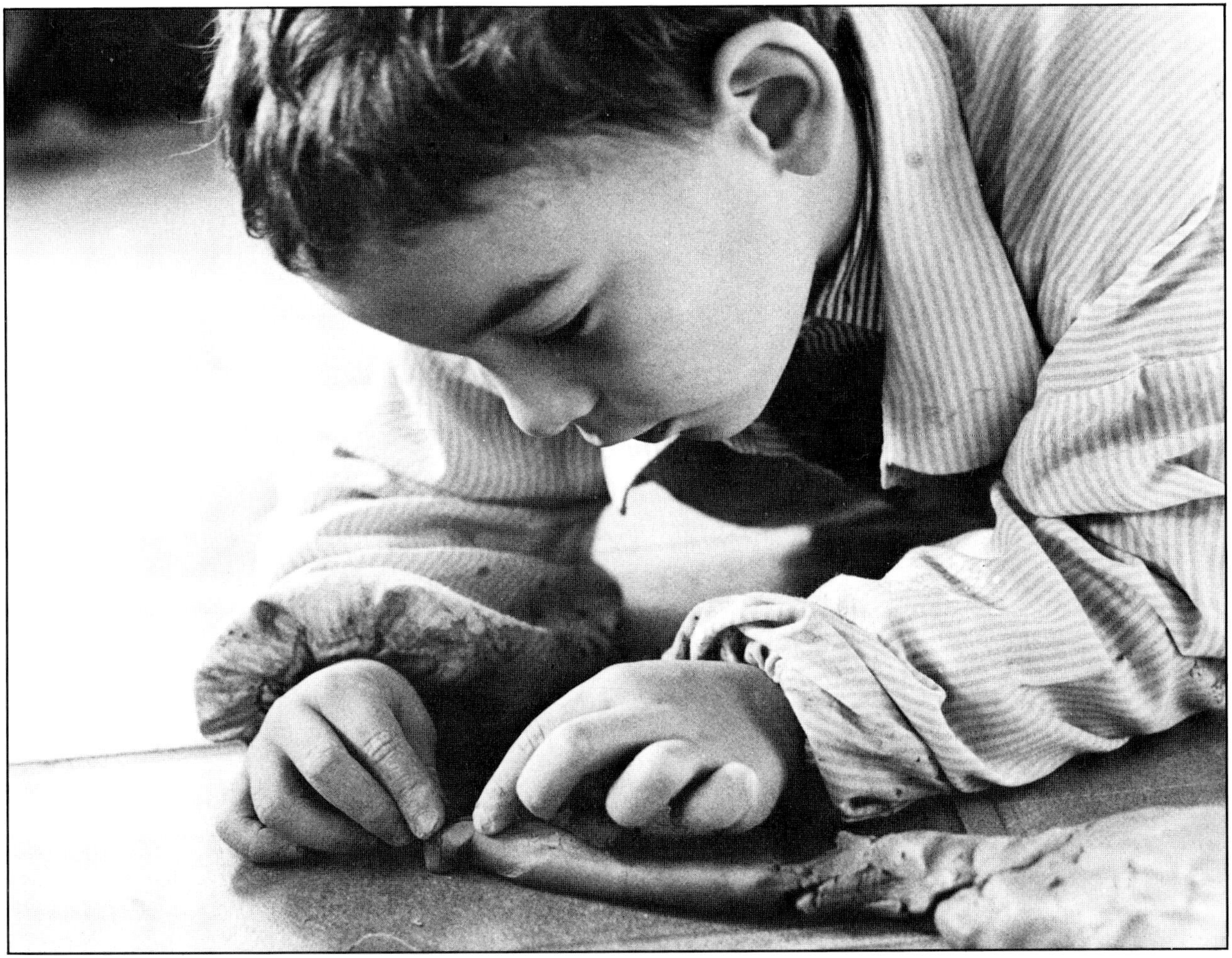

etwas, sondern ist ein wichtiger Schritt zum eigentlichen Menschwerden, dem wenige Jahre später ein anderer, innnerer folgt.

Die Welt sieht anders aus, wenn wir aufrecht gehen, als wenn wir uns nur kriechend auf allen Vieren bewegen können. Wie käme es sonst, daß es die Menschen zu allen Zeiten in die Höhe zog, sei's auf höchste Gipfel oder in die Luft, zum Fliegen? Kinder haben uns höchstens eines voraus: Sie bringen es fertig, gleichzeitig am Boden zu bleiben und Höhenflüge zu starten. Es bekommt ihnen gut, auch wenn sie dabei häufiger stolpern und auf die Nase fallen als wir.

6 Krokodile – Feuerdrachen

Jahrmärkte waren von jeher meine Schwäche. Was da unter freiem Himmel an Gerüchen, Gestalten und Geräuschen auf engstem Raum zusammenkommt, finde ich schlichtweg einmalig. Frühe Kindheitserinnerungen müssen mit hineinspielen, wenn ich heute noch vor Marktständen mit Kitsch und Zeugs, das niemand braucht, die Zeit vergesse. Ja mehr noch, wenn ich – bar jeglicher Vernunft – mit quietschenden Gummikröten, wappeligen Greuelschlangen, Drachen und Dinosauriern in den grauslichsten Farben liebäugle. Heute kann ich sogar zugeben, daß ich solches auch kaufe, allerdings nicht ohne nach rechts und nach links zu schielen, ob mich eine pädagogische Seele dabei ertappt . . . «Fürs Puppenspiel, für die Höhle des Zauberers, versteht sich», und so freue ich mich an den schwabbelnden Beinen einer riesigen Spinne mit Leuchtaugen. – Zweifelnd hielt ich neulich auf dem Markt einen dunkelgrünen, eher hausbackenen Saurier in den Händen, der sich mit weit aufgerissenem Maul auf die Hinterbeine stellte. Ob ich ihn kaufen sollte – natürlich für die Kinder in der Spielgruppe? Ich tats und stellte ihn daheim kommentarlos auf ein Stück Gestein mit Kristallansätzen.

Die Reaktion der Kinder auf den Jahrmarktsgreuel war beachtlich: Restlos alle, auch die Zarten, Scheuen waren fasziniert, sprachlos zum Teil. Vielleicht, weil dieses Unwesen ein absoluter Fremdkörper im geschmackvollen, eher aus Holz, Textilien und Naturmaterial bestehenden Spielmaterial war. Alle wollten ihn haben! Während einzelne anfingen, Drachenhöhlen und Burgen zu bauen, erzählten andere Vier- und Fünfjährige einander wild gestikulierend mit großen Augen Fetzen von Fernseh- und Filmgeschichten, ein kunterbuntes Gemisch von Fressen, Töten, Gefressen- und Getötetwerden. Ich merkte, daß sich in jedem Kind eine Menge solcher Eindrücke aufgestaut hatten, wobei sich die Schwächeren – Gesichtsausdruck und Haltung nach – eher mit den Opfern, die Mutigen mit den Helden und Draufgängern identifizierten. Einen Moment zweifelte ich, ob es wohl richtig sei, Kriegsspiele in der Kindergruppe kategorisch abzulehnen, wie ich es tue. Wo sollten diese Kinder mit Gesehenem, Erlebtem, eigenen und fremden Aggressionen ungestraft hin? Was sich in den nächsten Tagen und Wochen rund um den von Kraft und Wildheit strotzenden Gummigreuel entwickelte, erlebte ich als möglichen Ersatz für Kriegsspiele, die ich in meinen Räumen nicht dulden und nicht spielen mag, weil sie gleichzeitig anderswo blutig ernst und tödlich gespielt werden – und dies ebenfalls mit Kindern, mit Männern und Frauen, die einmal Kinder waren.

Meine Tochter, unterdessen elf geworden, verfolgte halb bewundernd, halb belustigt meine Drachenspiele mit den Spielgruppen-Kindern. Sie schenkte mir zum Geburtstag augenzwinkernd drei weitere Drachen, einen sogar mit zwei Köpfen.
So sind wilde, böse Drachenspiele ein fester Bestandteil in der Kindergruppe geworden, und eine Gruppe von offenen, toleranten Eltern duldet, akzeptiert und versteht unser verrücktes Getue.

Bei dem wäre es wohl auch geblieben, wäre nicht eines Tages Sandro mit finsterem Blick und einem Drachen in der Hand dahergekommen: «Den will ich metzgen*», sagte er kurz entschlossen und zückte ein Blechmesser vom Puppengeschirr. Ich war etwas hilflos, fragte warum und wieso. Er rollte die Augen und erklärte, der habe eben ein Schaf von der Wiese geholt, und das sei jetzt im Drachenbauch. Aber wenn er den aufschneide, hätten wir ja keine Drachen mehr zum Spielen, gab ich zu bedenken. Das leuchtete ihm halbwegs ein, er trollte sich. Um elf Uhr, als die Kinder heimgegangen waren, entdeckte ich einen Buckel im Teppich. Ich hob den Teppich an einer Ecke auf, darunter lag der Drache mit dem Blechmesser im Bauch . . .

Daß auf diesem Hintergrund unsere Lehmspiele ohne großes Dazutun unter anderem auch wilde Drachenspiele wurden, versteht sich. Mich beeindruckte, wie die Kinder es genossen, ihre starken Gefühle mit diesen Figuren offen zu zeigen und zu spielen. Mit wenigen Handgriffen formten sie aus einer Lehmwurst Krokodile, Feuerdrachen, die zu leben, zu reden und zu spielen anfingen, bevor sie fertig geformt waren.

Macht und Ohnmacht, siegen und besiegt werden kosteten sie voll aus, ohne daß jemand oder eine Sache zu Schaden kam. Einmal kämpften die Drachen, bissen einander unter schrecklichem Gebrüll den Kopf oder den Schwanz ab, ein andermal wurde ein Giftdrache von uns überlistet und eingeschläfert, so daß wir ihm mit einer Lehmzange die Giftzähne ziehen konnten . . . Wieder einmal gings eher poetisch, friedlich her, zum Beispiel als der Riesendrache Geburtstag feierte und alle seine Freunde zum großen Brezelessen kamen. Die wilden Kerle tanzten, fraßen bis sie vor Müdigkeit ganz flach, prallvoll oder ausgemergelt waren. Sie wurden mit Flachduvets, Schockoladestengel und Bettflaschen, alles aus Lehm, getröstet, schnarchten, erbrachen sich, weil sie zuviel vom

* schlachten

Geburtstagskuchen gegessen hatten . . . bis, kurz vor Mitternacht plötzlich ein Vogel über ihnen kreiste, der ihre Herzen mit dem Schnabel herauspickte, sie mitnahm auf den Zauberberg, wo sie vergoldet wurden und, und, und . . .
Neben den wilden, lauten, verrückten Momenten brachten die Kinder immer wieder stille, dichte, zauberhafte ins Spiel, die jedesmal weit über eine Stunde dauerten.
Im Gegensatz zu dem festen Spielmaterial und den Jahrmarktsdrachen war hier eine ständige Verwandlung möglich. Neue Spielsituationen mit dem Ton ergaben, entwickelten sich laufend, dem Gefühl, der Stimmung und dem Bedürfnis der Kinder entsprechend.

Eine Art Spieltherapie? Vielleicht – vielleicht auch nichts weiter als eine einfache, handfeste Möglichkeit, wie gesunde Kinder mit erdigem Material und ohne Fachpersonal auf natürliche Weise im Spiel Glück, Wut, Sehnsucht, Angst, Freude und Trauer mit bewegten Händen und wachen Sinnen erleben können.

7 Babuschka
oder Von Kindern und Kindeskindern

Biblische Geschichte war zu Schulzeiten mein Lieblingsfach: Man brauchte nur zuzuhören, man konnte ab und zu etwas zeichnen, und die Sechs* im Zeugnis war so gut wie sicher. Was mich in diesen Geschichten besonders beeindruckte, war der immer wiederkehrende Ausdruck: «Du und deine Kinder und Kindeskinder» – seien gelobt, gestraft oder was immer es war. Dabei empfand ich so etwas wie einen heiligen Schauer, eine neue Dimension tat sich

* beste Note

auf. Ich erahnte einen Zeit- und Weltraum, in dem sich meine sonst so wichtige Person ausnahm wie ein Fliegendreck.

Mit Erstaunen stellte ich neulich fest, daß unsere Kinder von diesen Kindern und Kindeskindern ebenso fasziniert sind wie ich damals. Nachdem ich letzthin die Schallplatte von Jim Knopf satt hatte und eine entsprechende Bemerkung machte, meinte meine Tochter: «Also gut, dann hören wir nur die Stelle von den Chinesen mit den Kindeskindern.»

Wenig später bekam ich eine abendliche Unterhaltung der beiden Schwestern im Kajütenbett mit. Sie verlief etwa so:

«Was ist jetzt das schon, ein Stammbaum?»
«Eben, die Ur-Urgroßmutter hatte die Urgroßmutter im Bauch und diese die . . .»
«Und der Urgroßvater?»
«Der war eben beim Ur-Urgroßvater – nein, das geht ja gar nicht, also halt auch bei der Ur-Urgroßmutter, oder nein, das war ein anderer Ast.»
«Ein was?»
«Ach, das ist viel zu kompliziert, es ist einfach die Urgroßmutter mit ihren Kindern und Kindeskindern.»
«Wie Babuschka?» (die buntbemalte Holzpuppe aus Rußland, die sich auseinanderschrauben läßt).
«Ja, meinetwegen, aber nacheinander und nicht miteinander.»
Ob damit das Bild vom Stammbaum geklärt war, kann ich nicht sagen. Jedenfalls holte unsere Jüngste anderntags das Bilderbuch von H.U. Steger ‹Reise nach Tripiti› hervor. Auf

jedem Bild suchte sie Babuschka mit ihren Kindern. Ob man eine solche auch selber machen könne, wollte sie wissen. Ich bezweifelte es und hielt ihr einen Kurzvortrag übers Drechslern, dem entweder der fachliche Hintergrund fehlte, oder der sie sonst nicht interessierte. Jedenfalls unterbrach sie mich schon bald gähnend: «Nanu, wenn es mit Holz nicht geht, dann vielleicht mit Ton?»
«Das dürfte ebenfalls schwierig sein, mit den beiden Teilen zum Aufeinanderpassen», wagte ich einzuwenden. Jetzt wurde sie richtig ungehalten: «Ach wo, der Größten macht man einfach einen weiten Rock und eine kleinere schlüpft darunter, dann eine noch kleinere und immer so weiter.» Vielleicht sehen Erwachsene tatsächlich Probleme, wo keine sind, oder Kinder haben andern Zugang zu ihnen. Jedenfalls gefiel mir die Idee mit dem Ton. Ob sie ausführbar war, konnte ich nicht so recht abschätzen – also mußten wir sie ausprobieren.

Geschwister sind eine harte Konkurrenz

Eine Fahrt in die Ziegelei mit Nachbarn, die im Herbst wie wir, zwei, drei Rollen Keramikton einkellern, war ohnehin geplant. Verregnete Ferientage gabs mehr als einen, und Kinder nebst den unsrigen, die gerne mit dem sauberen Dreck hantieren, waren auch zugegen. Schwierig war höchstens, den Konkurrenzkampf unter den Geschwistern auszuschalten. Am besten gelang das, wenn eines der Älteren zu Besuch ging, und sich das «Kindervakuum» mit gleichaltrigen Freunden der Jüngeren füllte. So war die urtümliche, aber noch ungeschickte Ausdrucksweise im Werken durch die leuchtenden Vorbilder nicht gefährdet, und die größeren Kinder schätzten es ebenfalls, zu einem späteren Zeitpunkt mit mir allein zu werken.

Entwicklungs-Geschichte

Also begannen wir mit dem Babuschka-Vorhaben. Zu unserer Jüngsten gesellten sich Pascal und Tina, sieben- und achtjährige Nachbarskinder. Sie fanden es nicht schwierig, eine kegelförmige Tonpuppe zu formen, und das Aushöhlen mit der Drahtschlinge machte ihnen Spaß. Dabei halfen sie sich gegenseitig, indem eines die etwa zwanzig Zentimeter hohe Babuschka Nummer eins in Händen hielt, während das andere sie aushöhlte. Ab und zu guckte die Drahtschlinge irgendwo durch die Bauchwand, wobei dem ersten Schrecken viel Gelächter folgte. Der Schaden war mit einem befeuchteten Stück Lehm, das sie auf der Innenseite andrückten und verstrichen, leicht zu beheben. Dann folgte Babuschka die Zweite. Diese mußte wesentlich kleiner sein als die erste, um unter

ihrem Gewand Platz zu finden. Das Unter-den-Rock-Schlüpfen der Babuschka-Kinder war nebst dem Größen-Anpassen ein herrliches Spiel für die Drei. Sie spielten mit den noch feuchten Figuren Verstecken und lachten, wenn die Kleinste am Innenrock kleben blieb und mit schräggequetschtem Kopf wieder zum Vorschein kam. Plötzlich rief Tina: «Schaut her, die kleinste Babuschka ist so klein wie ein Bauchei!» «Schlüpfen die Russen auch aus einem Ei?» fragte darauf meine Jüngste. Die beiden andern machten erstaunte Gesichter und sahen mich an. «Aus einem Bauchei, meine ich», ergänzte meine Tochter, und während wir erbsengroße «Baucheier» drehten, ergab sich ein äußerst spannendes Gespräch übers Kinderbekommen, Eierlegen, Ausbrüten und so weiter; auch darüber, daß nicht alle Kinder von Anfang an im richtigen Bauch waren – eigentlich eine hübsche Formulierung für ein Adoptivkind.

Mir gefiel dieses spontane, natürliche Reden, Fragen und Antwortgeben. Vor allem stimmte das, was wir redeten mit dem überein, was unsere Hände dazu taten. So stelle ich mir gutes Hand-werk vor: Hände, die etwas tun, das vom Denken begleitet ist. Eltern und Kinder sind in diesem Sinne Partner, weil Kinder von Natur aus Handwerker sind und weil ich meine, daß Erziehen denkendes Handeln und handelndes Denken sein müßte.

‹Funk-Ahne› und das «Jungfrau-Loch»

Babuschka Eins, Zwei und Drei samt den Baucheiern stellten wir an einen sichern Platz zum Trocknen, bevor wir sie mit Engoben bemalen konnten. Ein ansehnliches Stück Ton war übriggeblieben. Daraus formte Pascal einen spitzen Kegel, hielt inne und fragte, wohl beeinflußt vom vorangegangenen Gespräch: «Wie kommen eigentlich Berge auf die Welt?» Was die beiden Mädchen ihm im Wechsel dazu erklärten, tönte in der Kurzfassung etwa so: Die seien schon immer dagewesen. Gott habe sie ungefähr am zweiten Tag gemacht, als er am Schöpfen war. Später, bei Erdbeben und so, seien die kleineren von den größeren abgebrochen. Die größeren aber, das seien früher lauter, Funk-Ahne* gewesen, innen hohl. Als sie keine Funken mehr sprühten, habe es da drinnen lauter kleine Vesüvchen gegeben.

Halb schwindelte mir bei dem wirren Zeug, halb faszinierte mich ihr Weltbild. Jedenfalls ergab sich daraus ein Spielzeug, das meine Phantasie überforderte. Sie formten jetzt auf die gleiche Weise wie Babuschkas Berge, immer kleinere, die ineinanderpaßten. Was man damit anfangen konnte, war mir schleierhaft. Allerdings ergab sich dadurch eine einmalige Geologiestunde, wobei die drei mein kärgliches Wissen gierig aufsogen. Mit Eifer formten sie Gipfel um Gipfel und höhlten sie aus. Von Lawinen, Schluchten, Gletschern, von Steinschlag, Edelweiß und Sauerstoff war die Rede, und ich merkte, wie beim handgreiflichen Umgehen mit dem Ton Erlebtes, Gehörtes und Geschautes aus Bergsommer-Ferien lebendig und gegenwärtig wurde. Der Name Funk-Ahne für den ältesten der feuerspeienden Berge war zu schön, den mochte ich sprachlich nicht richtigstellen. Ob es ebenfalls ein sprachlicher Ausrutscher war oder eine Neuschöpfung von Tina, die gerade einen Gipfel aushöhlte und dazu meinte: «Das gibt das Jungfrau-Loch».** Kinder geben eben allem, was sie tun, einen Sinn. Ob Lehm oder Sprache, es ist für sie ein Mittel, dem Ausdruck zu geben, was ihnen Eindruck macht.

* Vulkane ** Jungfrau-Joch, Berg im Berner Oberland

Lebendige Begriffsbildung

Die buntbemalten, gebrannten und glasierten Babuschkas sahen lustig aus, wirkten drollig, urtümlich, etwas tollpatschig auch.* So muteten sie in keiner Weise an wie ein Abklatsch der kunstvoll bemalten Holzpuppen aus dem Osten, die ihnen Pate gestanden hatten. Sie und die Berge in den gestaffelten Größen brachten mich auf ein Hauptthema, das Kinder in ihrem Alltag beschäftigen muß: Größer als – kleiner als.

* (Die Babuschkas auf Seite 74–75 sind sittsam und stammen von einem elfjährigen Kind.)

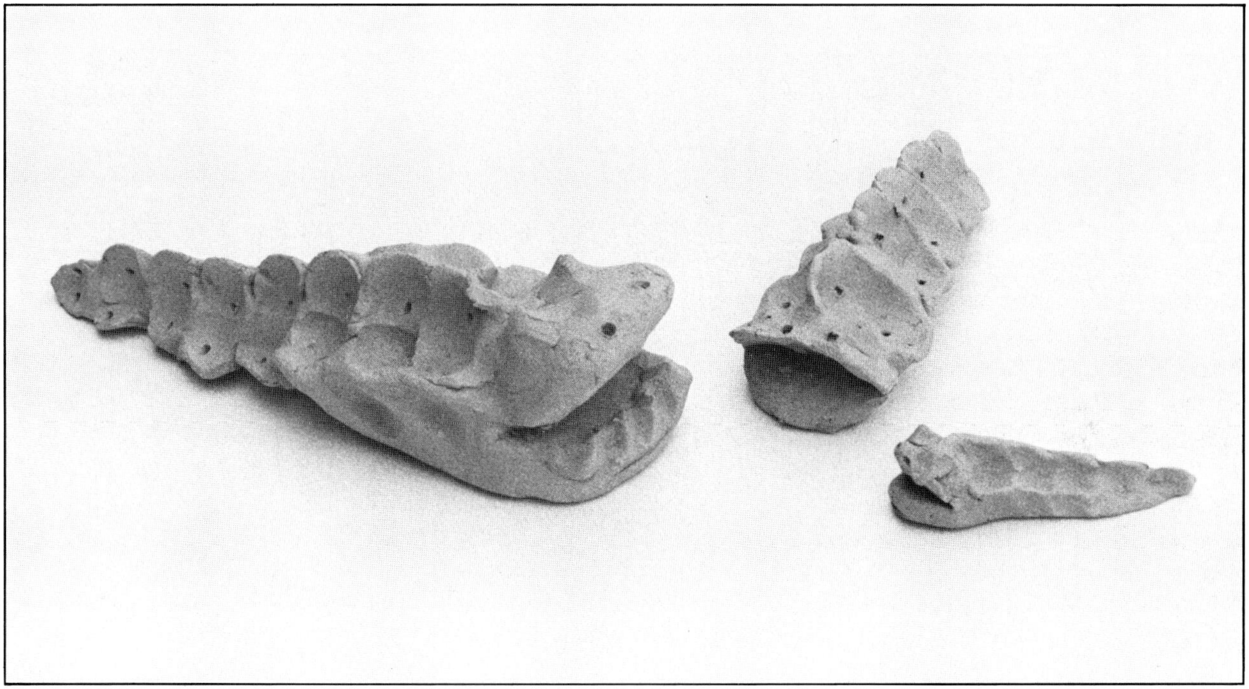

Denn was tun Kinder anderes als sich täglich messen? Sie sind zum Beispiel größer als die kleine Schwester und das hat Konsequenzen, bringt Vorteile, aber auch höhere Ansprüche, verpflichtet zu Vernunft und Verantwortung. Hingegen immer mit Erwachsenen zusammenzusein, heißt kleiner sein, auch weniger sein: nämlich das anziehen, was die Großen eingekauft, geschenkt, gestrickt, genäht und bereitgelegt haben, zum Frühstück essen und trinken, was für Kinder gesund sein soll, zusehen und zuhören, wie die Großen alles können: autofahren, Geld verdienen und -ausgeben, kochen, telefonieren, lesen, schreiben, Französisch oder Englisch sprechen, schwimmen, skifahren, lauter Dinge, die Kinder mühsam oder auch spielend in kleinen Schritten lernen müssen. Aber auch fernsehen, zu zweit in einem großen Bett schlafen, ausgehen und spät heimkommen, rauchen, Wein trinken, sich schminken, hohe Absätze tragen, Traktor fahren oder ein Flugzeug besteigen, das und vieles mehr heißt es – kannst du, wenn du groß bist . . .
Die Lehmspiele mit den drei Kindern rund um große und kleine Berge und Babuschkas haben mich auf den Gedanken gebracht, Kinder beim Gestalten mit Ton anzuregen, zwei oder mehrere gleiche Figuren in verschiedenen Größen zu formen. Denn eine Katze, ein

Hund, eine Schlange aus Ton, die sind und stehen einfach so da. Aber eine junge und eine alte Katze, die haben etliches miteinander zu tun. Zwei Hunde können miteinander spielen oder einander zu Tode ärgern, den Schwanz abbeißen oder um einen Knochen raufen. Die Lehmschlange kann ein Ei legen, aus dem eines Tages ein kleines Schlänglein schlüpft, das ihr bis auf den Tupf ähnlich sieht. Das sind lauter unscheinbare, aber nachvollziehbare Spiele aus der kindlichen Erlebniswelt, Spiele, bei denen Kinder in lebendigem Dialog mit einem Erwachsenen oder mit andern Kindern dem Gestalt verleihen, was sie beschäftigt.

Weil jedes gesunde Kind Freude hat an sich selber und an allem, was sein Körper ihm ermöglicht, findet es solches Lernen lustig.

Der Schritt ins Verrückte, Phantastische, den kleine Kinder so leicht tun, läßt sich mit Ton auf sichtbare Weise nachvollziehen: Ein Hund bekommt Flügel und fliegt davon, wenn der andere es zu bunt treibt mit ihm, die Katze baut sich ein Schwimmbad mit einem Springturm, und die Schlange – wer hätte das von ihr gedacht – verschlingt einen Teller mit Ton-Tomatenspaghetti, die sie einzeln hineinschlürft, weil sie nur der Länge nach in ihrem Bauch Platz finden. Und niemand, keine Schlange und kein Mensch, darf zu ihr sagen: «Wickle sie ordentlich um die Gabel und spritz nicht so!» Denn aufgerollte Spaghetti – das erklärte mir der fünfjährige Mike – essen einzig Ringelnattern.

8 Sommerstadt im Stoppelfeld

Daß es bei diesem Unternehmen an drei von vier Tagen nicht regnete, deute ich im Nachhinein als freundliche Geste des Himmels. Denn ohne das Gold des gemähten Ährenfeldes rundum und ohne sommerliche Hitze wären unsere Lehmspiele andere geworden. Vielleicht hätten wir keine Wüstenstadt gebaut, aber heimgegangen, nein, das wären wir nicht. Ich glaube, das nasse Element hätte uns auf andere Ideen gebracht – Sintflut mit der Arche und allem Drum und Dran hätten wir vielleicht gespielt, echt und dramatisch, mit Versinken in den braunen Fluten und der Friedenstaube mit Zweig vom nahen Apfelbaum. Oder Wasserfälle wären entstanden, Schleusen und Schiffshafen.

Nun aber war es warm und trocken. Schon morgens vor Neun packte ich jeden Lehm-Backstein in einen dünnen, durchsichtigen Plastiksack, damit er nicht austrockne, bevor zehn Kinder zum Spielen kamen. Tags zuvor war ich mit Christian, der uns mit der Kamera begleiten wollte, in die nahe Ziegelei gefahren. Wir kauften vierzig ungebrannte Backsteine, von denen einer ganze sieben Kilo wog. Kein Wunder, unser Auto hatte auf der Heimfahrt etwas Tiefgang! Eigentlich schade, daß wir nicht mit den Kindern hingefahren waren. Sie hätten sich sicher gefreut zu sehen, woher das Material kam, das uns die nächsten Tage auf abenteuerliche Weise gefangennahm. Auch mich beeindruckten die riesige Fabrikhalle, der Lärm und die Hitze. Männer jeden Alters verrichteten hier mit fast nacktem Oberkörper ihre harte Arbeit. Wir kamen uns vom Schicksal recht bevorzugt vor, als wir fein sauber wieder draußen an der Sonne standen, wohin ein junger Schwerarbeiter mit dem Rollwagen unsere Ware brachte. Er spaßte, fragte, ob wir damit ein Gartenhaus zum Selbertrocknen oder was Kuckucks machen wollten. Auf unsere Antwort, wir brauchtens zum Bauen und Spielen mit Kindern, nickte er lachend. «Ja, warum nicht», und verschwand in der staubigen Hitze des Fabriktors.

Der erste Werktag

Am nächsten Morgen machte ich die berühmte Kontrollrunde auf dem Vorplatz. Eigenartig, das Lampenfieber, eine Mischung aus Angst, Spannung und Freude habe ich bis heute nicht überwunden, wenn eine Kindergruppe das erste Mal zum Spielen oder Werken kommt. Bei Erwachsenen nehme ich's gelassener – sollen die meinetwegen mit meiner Unzulänglichkeit zurechtkommen. Kinder bringen sich selber ganz, und ich möchte ihnen auch ganz begegnen.

Das große Stück Bausplastik war ausgebreitet, ein alter Tisch stand bereit, mitgebrachte Znüni* und die Kleider abzulegen. Zwölf angefeuchtete Baumwoll-Lappen gab's und für jedes Kind einen Drahtschneider. Die beiden Plastikeimer und die Gießkanne stellte ich absichtlich beiseite, denn die Eröffnung unserer Werk-Tage stellte ich mir eher sittsam und nicht gleich als «Pfludifest» vor. Schließlich mußte ich erst die Mütter etwas kennenlernen und versuchen, ihre Schmutztoleranz einzuschätzen.

Drei Stunden später waren alle meine Bedenken verflogen. Ich staunte, wie schnell zehn sechs- bis elfjährige Kinder, die einander nicht kannten, über ein Material zu einer spiel- und lernfreudigen Gruppe wurden. Ihre Namen wußten sie beim Heimgehen kaum voneinander, aber wie sie sich zuwinkten, einander nachschauten oder wie die zwei Ältesten in stillem Einvernehmen mit dem nackten Unterarm geräuschvoll die Nase putzten, das verstand sich als «Gute Sache hier, zu denen komme ich wieder.»

* 2. Frühstück

Ein Material auf lustige Art kennenlernen

Dieser erste Morgen war schnell vergangen. Mehr als eine Stunde haben wir mit den weichen Bausteinen gespielt. Auspacken machte bereits Spaß; «die Regenhaut ausziehen», wie Stephanie meinte. Dann hochheben, die ganzen sieben Kilo, meine Güte, war das schwer! Mit flachen Händen draufklatschen, daß die Handflächen kribbelten, daß im Ton Handlinien sichtbar wurden. Den Zeigefinger in alle Löcher stecken, ins große Mittelloch hineinsingen. Es gab die eigenartigsten Töne, bis Ivo sich auf den Bauch legte und durchs Loch guckte. «Meins ist ein Feldstecher», rief er. Als Peter durch die Löcher seines Lehmsteins guckte, sah er das T-Shirt seiner Schwester. «Und meins ist ein Bauchgucker», kicherte er, worauf ihm Karin die Zunge herausstreckte. Immer wieder schleppten die Kinder ihre Bausteine herum, die Größe und das Gewicht reizten sie dazu. Einzeln hingestellt waren's plötzlich «Gumpisteine»*, alle hüpften kreuz und quer darüber. Verkehrsinseln wurden daraus, und wir rasten hupend mit quietschenden Bremsen drumherum. In den Kurven wurde es heikel, denn die Unterlage war glitschig. Fredi zog Socken und Schuhe aus, die andern taten's ihm gleich, – bis auf Simon. «Warum bist du nicht barfuß?»

* Steine zum Drüberhüpfen

fragte eines. Er zuckte die Achseln. «Einfach so». Einfach so könnte heißen: Ich will erst Mama fragen, ob sie nichts dagegen hat. – Ich kann Socken und Turnschuhe nicht selber wieder anziehen. – Ich bin hier noch nicht ganz heimisch. Gründe genug, «einfach so» selbstverständlich stehen zu lassen.

Wie schon oft hatte auch diesmal ein Kind die Glanzidee. Eine, die mir nie gekommen wäre, als ich im voraus ein paar Spielmöglichkeiten überlegt hatte. Nachdem wir aus allen Steinen zusammen einen Berg, eine Treppe, ein Kamel und einen Sessel gebaut hatten, ließ sich Ivo müde neben seine Bausteine plumpsen, klatschte den nassen Stofflappen darüber und sagte zu ihm: «So, nun kühl dir die Stirn, du birnenweiche Ente!» Ein Moment der Stille, dann schallendes Gelächter ringsum. Bald klatschten sämtliche Lappen mit den ausgeflipptesten Sprüchen auf die Lehmmocken, bis Jan aufstand, mit bloßen Füßen auf den naß-belappten Lehmstein sprang. Schwups, er glitt aus und saß auf dem Hosenboden. Verdutzt schaute er drein, lachte, eine urkomische Clownnummer begann: Noch und noch rutschten die Kinder mit den bloßen Füßen über den glitschigen Lehmberg, wurden allmählich geschickter, fielen seltener hin, richteten schließlich mit allen Lehmsteinen so etwas wie eine bucklige Skipiste ein. Vom ewigen Rutschen hatten die Steine längst ihre quadratische Form verloren und zeigten auf der Oberfläche die eingedrückte Fadenstruktur des Baumwolltuches. Staunend zog Karin ihr Tuch vom Lehm ab, betrachtete das feine Muster und strich mit den Fingerspitzen sachte darüber: «Wie Zieger* aus dem Käseladen», meinte sie.

Simon versuchte standhaft, in seinen Turnschuhen auf der Skipiste mitzuhalten, was ihm aber nicht gelingen wollte. «Ich bin Pistenwart», rief er plötzlich. Mit der Fegbürste zirkelte er durchs Gelände und hinterließ damit kurvenreiche Spuren auf der Plastikunterlage.

Was mir erst beim Safttrinken unter dem Apfelbaum auffiel: Kein Kind hatte je gefragt, was wir aus dem Lehm machen wollten. Sie fragten auch in der nächsten Stunde nicht, als jedes einen Draht zum Lehmschneiden bekam. Die sechsjährige Mirjam schnitt damit ebenso fasziniert durchs weiche Material wie der elfjährige Pascal, beide staunten, wie lustig die längs aufgeschnittenen Löcher aussahen. Wo aber war Karin, die mit dem Zieger? Ich entdeckte sie am Rande unseres Lehmspielplatzes.

* Weichkäse, auf dem sich das Gewebe bzw. das Sieb abzeichnet, mit dem der Käse geformt wird.

Sie saß mit gespreizten Beinen da und kehrte uns den Rücken zu. Ob sie wohl traurig war, sich allein, verloren fühlte? Ich bückte mich zu ihr, sah, daß sie vor sich verschiedene Tonschnitten mit Löchern liegen hatte. Als ich mich bückte, fragte sie: «Möchten Sie Emmentaler oder Tilsiter?» Ich erstand ein großes Stück würzigen Bergkäse. «Ich darf's gleich essen, nicht wahr, weil das Papier ausgegangen ist.»

Wasser – das Element der Kinder

Wenn's auch nichts weiter als ein Lehmmocken war, mit dem sich die Kinder drei Stunden verweilt hatten – jedes packte den seinen vor dem Heimgehen liebevoll in die Plastikhülle. Die Schulkinder zeichneten mit dem Finger ihre Initialen hinein, die Jüngeren brachten ihn an einen bestimmten Platz. «Das ist meiner, hütest du ihn bis morgen?» wollte Felix wissen. Ich versprach's, fragte mich dabei, ob Kinder hierzulande von Natur aus kleine Egoisten sind mit wenig Sinn für gemeinsamen Besitz, oder ob sie zu dem Baustein eine Beziehung hatten, weil sie sich so intensiv mit ihm auseinandersetzten.

Mit den Lehmkleidern von gestern kamen die Kinder anderntags wieder. Daß keines frisch angezogen war, freute mich besonders – die Kinder und ich hatten's so besprochen und die Mütter glaubten ihren Kindern offenbar. Heute sollte es besonders saftig zugehen! Ich hatte ein paar Konservenbüchsen bereitgestellt, die man leicht zusammendrücken kann, so daß ein Ausguß-Schnabel entsteht: Ich wollte den Kindern zum Lehm auch Wasser anbieten. Zuerst schaute ich eine Weile zu, wie sie sich selber organisierten, wie sie anfingen, ihr Spiel zu gestalten. Natürlich mußte jedes die Rutschpartie von gestern wiederholen, kurz darauf waren einige bereits wieder mit dem Draht am Stücke schneiden. So bildeten sich ohne mein Dazutun in der ersten halben Stunde Interessengruppen: Karin fand Anklang mit ihrem Käseladen. Fredi gesellte sich zu ihr, und das Angebot reichte bald von Butter bis zu Sandwiches und Eisstengel – alles fein säuberlich sortiert und ausgebreitet. Bezahlt wurde weiterhin mit Handschlag. Simon hatte unterdessen aus Lehmscheiben eine Ringmauer aufgestellt. «Das gibt ein Gespensterschloß», sagte er zu Jan, der gleich fasziniert hinkniete. Ich sah noch, wie er Simon anstaunte, der mit ausladenen Gesten und großen Augen vom tiefen Brunnen erzählte, vom Verließ und von den Fledermäusen.

Felix und Pascal bohrten noch und noch Löcher in ihre Lehmberge. «Erdöl» bekam ich im Vorbeigehen als Stichwort mit. Ich staunte, mit welchem Eifer und mit welcher Konzentration die beiden Viertklässler immer wieder ihre Finger ins weiche Material gruben und dabei hitzig diskutierten: über Endlagerung von Atommüll, Bohrproben in der Wüste und in den Bergen. Sie bekamen rote Backen. Peter, der Zehnjährige kam herbei, hörte eine Weile zu, schaute sich die durchbohrte Landschaft an und schlug vor, Leitungen zu bauen.

Die Kinder reagierten unterschiedlich auf den Wassereimer und die Büchsen. Die vom Schloß riefen: «Au fein, wir machen einen Wassergraben ringsum!» Karin und Fredi tunkten genüßlich ihre Stofflappen hinein – zum Putzen und Käse anfeuchten. Stephanie und Ivo nahmen vom Waser keine große Notiz. Sie pendelten weiterhin zwischen Bohrturm, Käseladen und Gespensterschloß. Gerade die jüngeren Kinder wechselten häufig zwischen selber aktiv sein und zuschauen, was die andern taten. Ihr Herumstehen oder Herumsitzen empfand ich weder als Nichts-Tun noch als Langeweile. Sie waren mit Augen und Ohren dabei, holten sich Impulse, Ideen, Anregung und bekamen staunend mit, wie ältere Kinder sind und was sie beschäftigt.

Pannen sind nicht ausgeschlossen

Was ich mir als Höhepunkt des Morgens vorgestellt hatte, wurde keiner, nicht zuletzt, weil der Himmel recht bewölkt war und wir den Werkplatz im gedeckten Schuppen einrichteten. Wohl zeigten die drei großen Buben mit ihren Bohrlöchern, Leitungen und Stauseen Freude am Wasser. Für kurze Zeit gab's auch ein spannendes Spiel mit Diskussionen über Gefälle und Versickern. Das Wasserholen und Einfüllen machte ihnen großen Spaß – aber so gut sich der Bau-Plastik bis jetzt als Bodenbelag bewährt hatte, für unsere Spiele mit Wasser erwies er sich als wenig geeignet. Kleine Pfützen hier und dort waren lustig, aber überall Wasser, das gewollt oder ungewollt zum Lehm floß, überforderte die Kinder und mich. Gut – es kam zu keiner Katastrophe, wir holten Kehrichtschaufeln und leisteten gemeinsamen Einsatz. Als aber das Gespensterschloß aufgeweicht in sich zusammenfiel, gab's Tränen. Stille Betroffenheit ringsum. Jan und Simon bekamen Hilfe angeboten zum Wiederaufbau, als Sofortmaßnahme brachte Karin ein Stück Weichkäse ... Ein Lächeln darüber unter Tränen, das tat gut.

In dieser schwierigen Situation, für die ich mich übrigens verantwortlich fühlte, erlebte ich Kinder wieder einmal als großartige Mitarbeiter: Sie taten ganz einfach, was zu tun war, ärgerten sich mit mir und gaben dem auch entsprechend Ausdruck. Jedes blieb dabei, kein Vorwurf, kein Suchen nach dem Schuldigen, gemeinsam kamen wir zur Aussage wie: «So geht's doch nicht! Also das nächste Mal spielen wir mit Wasser ohne Plastik auf dem Asphaltplatz, da kann das Wasser in die Rinne abfließen oder besser gleich im Gras, wo es versickert.»

Jedesmal, wenn ich mit Kindern ein Mißgeschick heil überstanden habe, muß ich sie zählen. Nicht mehr so häufig, wie auf meiner ersten Kindergartenreise mit zweiunddreißig Kindern. Damals antwortete eines der Kinder auf die Frage, was wir denn den ganzen Tag getan hätten, seiner Mutter: «Sie hat uns immer gezählt.» Ich weiß, es ist eine gluckhennenhafte Zwangshandlung. Ich tat's auch jetzt und kam auf neun Kinder – Mirjam fehlte! Irgendwann mußte sie sich abgesetzt haben, und was tat sie? Sie saß auf dem äußeren, einzigen trockenen Zipfel unserer Unterlagen und schichtete vertieft einen butterweichen Matschfladen auf den andern. Dabei hielt sie murmelnd ein Selbstgespräch und machte über dem Turm hin und wieder beschwörende Gesten.

Kinder lernen aus den Folgen

heißt der Titel eines Buches von Rudolf Dreikurs, und man hätte ihn auch für unsere zwei letzten Werktage gebrauchen können. Ein wolkenloser Himmel ließ uns heute unbesorgt im Freien spielen. Gleich hinter dem Haus legten wir unsere vom gestrigen Geschehen noch etwas trübe Unterlage aufs gemähte Feld, stellten zwei Wassereimer in respektvolle Nähe, zum Lappenfeuchten und zum Händewaschen, wie die Kinder, mit wissendem Seitenblick zu mir, selber präzisierten. – Statt Wasser gab's heute für jedes Kind einen neuen Lehmbackstein und ein gutes Kilo Ziegelbatzen, diese rötliche, etwas grobe, klebrige Sorte Naturton, aus der man Ziegel herstellt. Nachdem wir bis jetzt meistens einzeln oder in kleinen Gruppen das gespielt hatten, was uns gerade einfiel, fragte ich die Kinder, ob sie Lust hätten, alle miteinander eine große Stadt zu bauen. Sie sagten spontan zu und konnten fast nicht warten mit Anfangen. Das zeigte mir, daß aus ihnen in den zwei vergangenen Tagen eine Gruppe geworden war, die sich zutraute, gemeinsam etwas zu unternehmen. Ich spürte aber auch, daß sie nun gerne einen konkreten Rahmen hatten für ihr Spiel.

Der Ziegelbatzen sollte uns als Zement dienen, um die mit Draht zugeschnittenen Elemente zusammenzuhalten – eine Bauweise, die größeren und kleineren Kindern Spaß macht. Zu Beginn unseres Städtebaus erlebte ich weder weibliches noch männliches Vorgehen, sofern es das überhaupt gibt. Aber deutlich verschieden gingen ältere und jüngere Kinder an die Aufgabe. Die Zehn- und Elfjährigen standen zusammen und planten mit großen Gesten die Einteilung der etwa vierzig Quadratmeter großen Bodenfläche. «Hier gibt's das Einkaufszentrum, dort eine Tiefgarage und überall Straßen, die einander kreuzen.» Mich faszinierte, wie sie sich das Ganze vorzustellen vermochten, doch es ging ihnen nicht besser als zu früheren Zeiten andern großen Köpfen, die den Scharfblick und den Sinn fürs Ganze hatten: Das Volk hörte nicht zu oder verstand sie nicht. Konkret: Die anderen Kinder waren bereits daran, Bauelemente zuzuschneiden und kümmerten sich wenig um Stadtpläne. Eines knetete mit Wonne seinen Ziegelbatzen weich und rief den andern zu: «Bringt mir den euren, ich mache eine Zementfabrik!» Nur Simon stand unschlüssig zwischen den stirnerunzelnden Städteplanern und den bienenfleißigen Handwerkern. Er wußte nicht recht, zu welchem Lager er sich schlagen sollte. Auch ich war unschlüssig, zweifelte, ob ich die Kleinen von ihrem eifrigen Tun weg zum gemeinsamen Planen holen oder den Großen Mut machen sollte, unter den gegebenen Voraussetzungen ohne Gesamtkonzept ans Werk zu gehen.

Die Kinder halfen sich selbst: Peter begann an einem Ende die Stadtmauer, Pascal sprach mit ihm ab, wo etwa das Parkhaus stehen sollte und Karin legte lauter gleiche Elemente wie Bodenplatten nebeneinander. «Gibt das den Flugplatz?» wollte Jan wissen. Sie schaute ihn verblüfft an, lachte und fragte: «Warst Du schon dort?» Jan nickte und hielt zwei gerippte Lehmstücke vor sich hin: «Schau, wie Wellblech. Das gibt den Hangar.» «Den was?» fragte Karin – mich brauchten die zwei nicht mehr.

Aber was tat eigentlich Stephanie? Sie saß ruhig auf einem aufgestellten Baustein und schaute unverwandt geradeaus. Offenbar hatte sie mit Fredi etwas Gemeinsames, der etwa zwei Meter weiter vorn ein viereckiges Lehmding vor dem Umkippen rettete. «Moment, Moment, die Sendung wird unterbrochen», rief er, und ich begriff, daß das Viereckige nicht irgendetwas, sondern ein Fernseher war. Geduldig wartete die Zuschauerin, bis die Sendung mit Fredi weiterging, der neben dem «Bildschirm» kniete, Tonmeister, Sprecher und Mickey-Mouse in einem war.

Lebendiges Bauwerk

Wo ich hinschaute, überall sah ich vertiefte, vergnügte und ausdauernd spielende, gestaltende und werkende Kinder. Das machte mich glücklich. In regem Gespräch zu zweit, zu dritt entwickelten sie immer neue Ideen. Die drei Großen bauten aus flachen, gleichgeschnittenen Elementen vom Parkhaus zum Shoppy-Land einen gedeckten Durchgang. Dabei erfuhren sie anschaulich und handelnd, was Statik ist, wenn sie beim Aufsetzen eines neuen Dachteils jeweils den Atem anhielten und um die Seitenmauern bangten.

Mirjam ging voll auf in ihrem Ein-Frau-Betrieb, der Zementfabrik. Sie hatte drei unterschiedliche Qualitäten anzubieten, «pfludiweich, pflütterdünn» und solchen mit Mocken drin, drei ansehnliche Haufen, die sie abwechslungsweise mit dem Rührwerk ihrer Hände durchknetete. Bestellungen kamen laufend, zugerufen übers Bautelefon, oder die Käufer kamen selber, holten dankend die Ware ab und bestellten neue, wenn wieder ein Großprojekt im Entstehen war. Mirjam kostete ihre Wichtigkeit und Sonderrolle voll aus, war gesprächig und überfreundlich, pflatschte sie manchem beim Weggehen noch einen Zusatzfladen gratis obendrauf.

Felix, Simon und Jan knieten beieinander und erst jetzt entdeckte ich etwas Arena-Ringmauerähnliches. «Größte Bärenschau des Jahrhunderts, nicht verpassen, mit Bärenbaby, das aus der Kanone fliegt», tönte es durch ein lehmbekleckstes Hände-Megaphon. Ungläubig, lachend, gespannt kamen die Bauleute, mit Spuren der Arbeit an Kleidern, Füßen, Händen und im Gesicht. Mit diesem Zustrom hatten die Drei nicht gerechnet. Halb erschrocken, halb verlegen saßen sie vor ihrem Zirkus, schauten abwechselnd zu mir und zueinander. Fredi erfaßte die schwierige Lage, klatschte in die Hände und gab so das Zeichen zum Eröffnungsapplaus. Unsicher und ohne zu reden nahm Jan ein unförmiges Lehmding zur Hand – den Bären. Ich übernahm die Rolle der Ansagerin und kündigte sein Kunststücke an: «Zuerst kommt der Hochsprung!» Hoppla, schon flog der Bär durch die Luft, landete buchstäblich flach auf dem Bauch und streckte alle Viere von sich. Schallendes Gelächter rundum, der Bär rappelte sich auf, und weil er leicht an der Unterlage klebte, sah dies echt komisch aus. Schon kam etwas Kleines, Rundes dahergekollert – das Bärenbaby, das auf dem Rücken landete. Selten habe ich Kinder so lachen gehört, und ich selber habe vor und nachher nie eine solch urkomische Zirkusvorstellung erlebt – bestehend aus lauter unmöglichen Zwischen-

fällen: zwei Trapezkünstler, die nach dem Salto rückwärts hoffnungslos aneinanderklebten; im Orchester setzte sich einer auf die Baßgeige, so daß diese in die Knie ging. Das Auto des Clowns legte seine Räder gegen außen, und der Clown setzte sich obendrauf wie auf eine Riesenschildkröte. Und als der Jongleur sich überschwänglich verneigend für den rauschenden Beifall bedankte, rollte ihm glattweg der Kopf davon. «Noch mehr», riefen die Jüngsten nach jeder Nummer und konnten nicht genug bekommen von dem Schabernack.

Und alles löst sich auf in nichts

Wie seltsam sah anderntags unsre Lehmstadt aus! Eine glühend heiße Nachmittagssonne hatte sie ausgetrocknet und gebleicht. Staunend blieben die Kinder davor stehen: «Wie in der Wüste, so heiß, so weiß», meinte eines, und da uns der Schweiß auf der Stirn stand, war dies nicht weit daneben. Der Zirkus sah grotesk aus mit seinen Akteuren, die in den unmöglichsten Positionen erstarrt waren. «Die sind Salzsäure geworden, wie die in der Bibel beim Rückwärtsschauen», stellte Simon fast erschrocken fest. Auch wenn Lots Weib an sich nichts mit Salzsäure zu tun hat, wußten fast alle Kinder, wovon er sprach.

Lange hatte ich mir überlegt, wie ich die Kinder ohne Zwang zum Abbrechen und Aufräumen bringen könnte – ein Problem, das keines war. Ich frage sie, wie wir unsere Stadt wegräumen wollten, und eines meinte: «Ein wenig mit der Gießkanne duschen, weichkneten, und dann kann jedes ein Stück davon nach Hause nehmen.» Alle waren einverstanden, ich hätte keinen vernünftigeren Vorschlag gehabt. Und doch herrscht bei uns landauf, landab die Meinung, vor dem zwanzigsten Geburtstag hätten Kinder und Jugendliche im öffentlichen Leben nichts zu sagen, sondern von den Erwachsenen zu lernen.

Wir ließen sonnenwarmes Wasser über die versengte Stadt rieseln – wenig, versteht sich. Zehn ansehnliche Lehm-Mocken lagen mittags bereit, manche von ihnen etwas knetbedürftig. Mein Kompliment galt den Eltern dieser Kinder, die nichts Sichtbares zum Heimnehmen erwarteten, zufrieden waren mit müden, glücklichen, badefälligen Kindern, die beim Heimgehen alle versicherten, im nächsten Sommer wiederzukommen. Als ich ihnen nachschaute und eingetrockneten Lehm von meinen Fingern klaubte, fiel mir ein, daß wir an allen vier Tagen keinen Streit, keine Konflikte hatten. – Engelskinder? Wundererde?

Ein Kind, das vertieft mit Lehm arbeitet, erlebt dabei Höhen und Tiefen. Es möchte weder alleingelassen, noch dauernd kommentiert und angeleitet werden.

9 Leuchtberge

Ohne Dominique wäre ich nie auf patriotische Gedanken gekommen. Aber ihre Herausforderung war ebenso hartnäckig wie konkret, und mit Neutralität war ihr nicht beizukommen. Mir jedenfalls fiel keine neutrale Antwort ein, als sie sich zum Geburtstag auf den feuerroten Plüschpulli ein großes Schweizerkreuz wünschte. «Damit alle sehen, daß ich und die Schweiz fast am gleichen Tag Geburtstag haben . . .» – (Eigentlich komisch, daß mich das komisch anmutet, trägt doch heute jeder zweite eine Rieseninschrift mit «University of Virginia» oder so auf dem Bauch und hat weder Amerika noch eine Universität je von innen gesehen). Haargenau wollte sie wissen, wie denn Länder zur Welt kommen, wie alt das unsere sei und ob am 1. August genau so viele Feuer brennen, wie es Jahre alt werde. Im Geist sah sie wohl die Landschaft als riesigen Geburtstagskuchen mit Höhenfeuern statt Kerzen. Und wer denn alles zum Fest eingeladen sei, fragte sie weiter. «Alle, die dazugehören, alle, die eben Schweizer sind oder die gerade in unserem Land sind», sagte ich. «Alle, wirklich alle?» staunte sie strahlend, klatschte in die Hände und hüpfte vor Freude herum. «Gibt es denn für alle Platz und genug zu essen? Und die Italiener von nebenan, kommen die auch, und wissen die schon, wie's geht?» «Ja schon, nur . . . » konnte ich noch sagen, und schon rannte sie die Böschung

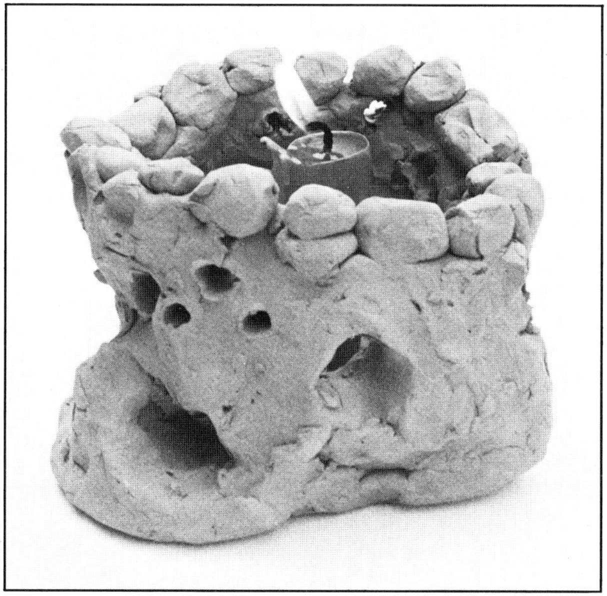

hinunter, läutete Sturm bei den Nachbarn aus dem Ausland, mit denen sie abends ab und zu auf dem Platz Fußball spielt. Ich nehme an, daß sie ihnen in die Küche platzte und mit Händen und Feueraugen ohne ein Wort italienisch, spanisch oder türkisch klarmachte, sie seien zu einem großen Geburtstagsfest eingeladen. Unterdessen räumte ich den Tisch ab und dachte darüber nach, wie das sei mit dem «alle, die dazugehören . . . ».

Jeden Tag kamen neue Fragen, Hinweise und Aufforderungen zum Thema Heimatland, für mich eine Art Staatskunde in Interview-Form auf kindlicher Ebene. So wie man sich in der Adventszeit auf Weihnachten vorbereitet, so tat's Dominique zum Landes-Feiertag. Als ich ihr sagte, es gebe sogar eine Wiese, die eigentlich der Geburtsort der Schweiz sei, wollte sie wissen, ob ich schon dort gewesen sei. So verständnislos hat sie mich vor- und nachher nie angeschaut, als ich dies verneinte, weil ich damals in der 6. Klasse wegen Masern nicht auf die Schulreise konnte. «Aber nachher, als du groß warst, warum bist du dann nicht alleine hingegangen?» Ich kam mir richtig schäbig vor und plante aus Schuldgefühlen eine Reise aufs Rütli zu zweit.

Kurz darauf fragte Dominique am Mittagstisch, ob man am 1. August denn auch «häpibörsdei» singe – natürlich ein Volltreffer für die Spottlust der drei älteren Geschwister. Nach dem

Gelächter und dem Hinweis des großen Bruders: «Nein, da käme eben der vom ‹Trittst im Morgenrock›* daher, sie hätten's gerade in den Nachrichten durchgegeben», brach sie wütend in Tränen aus. Nicht einmal den Schwestern glaubte sie mehr, die ihr sagten, «Wo Berge sich erheben» und «Großer Gott, wir loben dich» ginge auch noch. Erst als alle zur Schule waren, ließ sie sich ganz trösten. Mit den Ärmeln wischte sie geräuschvoll die Nase und meinte, ob man denn nicht auch «O du lieber Augustin» singen könnte, das sei doch sowieso ihr Lieblingslied und würde wegen dem August für sie und das Land am besten passen. Daß Vater ernst blieb, werde ich ihm nie vergessen. Ob's ihm aus pädagogischem Feingefühl gelang oder weil sie mit diesem Vorschlag seinen Schwierigkeiten mit der Landeshymne entgegenkam, ist nebensächlich.

Wenn das, was ich an patriotischen Gefühlen bis anhin übrig hatte, einem dürren Reisighaufen glich, so brachte es Dominique fertig, daß er Feuer fing. Wie hätte man so viel echte Vorfreude wochenlang unberührt ansehen und anhören können? Wie sich draushalten aus all den Fragen um Raketen, Gott und Feuerwehr, Landesgrenzen, Knallfrösche und Vater- statt Mutterland? Echte Lebensfragen in kunterbuntem Gemisch stürzten auf uns ein, zum Beispiel, wie das sei, wenn sie einen Indianer heirate, ob der dann auch dazugehöre oder sie nicht mehr? Sage mir noch einer, Kinder seien realitätsfremd! Eher stimmen unsere Lehrpläne nicht mit ihrer gesunden Neugierde überein!

Daß unsere Familie am 1. August ein gutes Fest feierte, haben wir Dominique zu verdanken, auch, daß wir irgendwie dazugehörten – wir, die uns oft so daneben vorkommen und zusehends mehr Mühe bekommen mit Festreden. Nach Laternenumzug, Zuckerstöcken*, und «Ah» und «Oh», wenn ringsum Raketen in den Nachthimmel schossen, kauerten wir Eltern mit den Kindern alle eng beieinander unter der Regendecke. Einer tröstete den Hund, der sich fürchtet, die andern zählten Höhenfeuer. Beinahe feierlich wär's geworden, hätte nicht ein hohes Kinderstimmchen «O du lieber Augustin» angestimmt. Es war finster und ich kann wirklich nicht sagen, ob jemand lachte. Wir summten, brummten oder sangen mit. Hingegen hatte ich das Gefühl, daß unserem vierzehnjährigen Coci-Fan der Text von «s'Gäld isch versoffe» mehr aus dem Herzen kam als der landesübliche von «Wenn der Alpenfirn sich rö-hö-hö-tet . . . »

* ‹Trittst im Morgenrot . . . › (Landeshymne)

* Feuerwerk

«Überglücklich, todmüde und mit roten Wangen sank Dominique nach nächtlichem Kuchenschmaus und heißem Tee in die Kissen. Sie, die kleine Schweizerin! Wir Großen blieben noch eine Weile sitzen und fragten uns, ob wir mit unsern Kindern nicht ab und zu ein Fest feiern sollten, solange sie klein sind, dann, wenn sie noch mit uns feiern wollen? Ein Fest unterm Sternenhimmel, einfach so, weil es ein gutes Gefühl ist für's ganze Leben, im Dunkeln vergnügt und nicht allein zu sein.

Ohne es zu ahnen, gab's eine Woche später ein solches Fest, diesmal in der Spielgruppe mit Thomas, Bettina, Frank, Denise, Marianne, Christoph, Philipp und Daniel. Eben hatten wir herausgefunden, daß wir zusammen über 70 Jahre alt waren – 8 x 4 oder 5 – und ich machte den großen Rest aus. Doch halt, auf dem Boden lag eine Riesenwurst Naturton zum Teilen! Davon bekommt doch jeder ein gleich großes Stück, wollte Frank wissen, das mit den ungleichen Alterszahlen war ihm noch in den Ohren. Jawohl, es gab für jeden eine Scheibe von beinahe 2 kg. Damit ließ sich etliches tun.

Die Kinder knieten oder standen und schmetterten ihren Lehmmocken zu Boden. Es knallte nicht, auch wenn dies gut hochdeutsch wäre – nein, es tätschte so richtig.

Wie wohl es tat, mit voller Wucht lozulegen, ohne daß jemand oder eine Sache Schaden nahm, das war aus ihren Gesichtern zu lesen. Mit beiden Händen fingen sie an zu kneten, bohrten die Fäuste in die weiche Masse und redeten dazu ununterbrochen. «Ein Loch-Berg», meinte ein Kind, bohrte Löcher mit den Fäusten, und die andern taten's ihm gleich. Mit den Fingern gruben sie Durchgänge, lachten vor Entzücken, wenn wieder ein Finger irgendwo herauskam und winkte. Höhlen entstanden und «Finsterlöcher».

«Du mußt Kerzen hineinstecken, dann wird's hell», sagte Philipp. Ein Moment war Stille, – das war's! Ich suchte nach Rechaudkerzen, wir vergrößerten oder vertieften die Faustlöcher, verstrichen die Wände besser und legten versuchsweise Rechaudkerzen hinein. Dann zogen wir die Vorhänge zu und zündeten die Kerzen an, wie zur Weihnachtszeit.

«Wollen wir singen», frage Bettina. Feierliche Stille. Was singt man im August, wenn einem weihnächtlich zu Mute ist? «Happy birthday», schlug Christoph vor und weil mir der Landesgeburtstag noch gegenwärtig war, fand auch ich's passend. Wir sangen, bis jemand rief: «Seht doch die Ringe an der Zimmerdecke!» Licht fiel durch die Fingerlöcher. Ganz bezaubert waren die Kinder von diesem Licht – und Schattenspiel im Raum, festlich war's, feierlich sogar. «Leuchtberge sind das, ja Leuchtberge!» rief plötzlich Marianne.

Überrascht schauten wir einander an und Philipp meinte: «Die haben wir erfunden!» Die Kinder klatschten vor Freude in die Hände – sollten wir am Ende daraus ein Geschenk machen, für die Mutter? Beim Gedanken, einmal schon im August Weihnachtsgeschenke ganz unverhofft und ohne Hetze bereitzuhaben, hüpfte mir das Herz im Leibe . . .

Die Leuchtberge waren unser Geheimnis. Und weil die Mütter kleiner Kinder bekanntlich alles wissen dürfen, wußten sie's natürlich auch. Aber wie es sich gehört, hatten sie bestimmt nicht die leiseste Ahnung, was für ein unförmig schweres Ding da in Seidenpapier gewickelt an Weihnachten unter dem Christbaum liegen werde.

Als die Kinder heimgegangen waren, verstrich ich mit nassen Fingern ein paar kritische Stellen im Lehm, und ich höhlte bei den dicken Bergen von unten etwas heraus, denn Modellierton sollte zum Brennen nicht dicker als drei bis vier Zentimeter sein. Eine Wocher später brachte ich das Geformte gut ausgetrocknet zum Brennen.

Es kamen keine Kunstwerke zurück. Dafür trugen wir ziegelrote Leuchtberge heim, wie es sie vorher nicht gegeben hatte, und genau gleich nie wieder geben wird. Sie verbreiteten warmes, ruhiges Licht, und sie sagen in ihrer urtümlichen Form etwas aus vom schöpferischen Schaffen kleiner Kinder.

Die Triebfeder für eigenes Tun ist die gesunde Neugierde, die jedes Kind in sich trägt.

10 Das Liebgotthaus, die Scheiterbeige und der Kitzelkuchen

Ob die drei Lehmdinge Liebgotthaus, Scheiterbeige* und Kitzelkuchen überhaupt der Rede wert sind? Vielleicht bringt mir diese Geschichte böse Fragen ein, zum Beispiel, ob man denn jeden Fliegendreck vergolden müsse. Und was sage ich dann? «Jawohl, vergolden, im Wohnzimmer aufhängen, eine Lupe danebenhängen und mit zwei Spotlampen beleuchten würde ich ohne Wimpernzucken jeden Fliegendreck, der für mich eine besondere Bedeutung hat.» Ich würde ihn meinen Freunden zeigen, die würden lachen, den Kopf schütteln und sich meine Geschichte dazu anhören. Jemandem würde dadurch der Mausedreck einfallen, der, du meine Güte, im besten Hotel von Mallorca . . . Wir hätten Spaß miteinander und wären uns über skurille Nichtigkeiten, die uns und nur uns begegnet sind, auf vergnügte, menschliche Weise ein bißchen nähergekommen. Wo ich den Mut zu solchen Verrücktheiten hernehme? Vom Werbefernsehen, klare Sache. Denn was dieses Medium täglich Hunderttausenden von Zuschauern ins Wohnzimmer liefert, finde ich um einiges mutiger als meinen Fliegendreck. Ich würde mir nämlich nie anmaßen, Leuten, die ich nicht kenne, häusliches Glück und himmlischen Glanz durch ein Putzmittel zu versprechen oder irgenwem mit einem Shampoo Jungendfrische und dynamische Zweisamkeit zu verheißen.

Und so wage ich es eben, über den Kitzelkuchen zu berichten, von der Scheiterbeige zu erzählen und andern das Liebgotthaus zu zeigen. Es sind kleine Nichtigkeiten, die etwas aussagen von der Liebenswürdigkeit schöpferischer Kinder. Und schöpferisch sind alle Kinder, wenn wir sie nicht daran hindern.

Der Kitzelkuchen ist Carlos Werk. Carlo ist vier und lacht so viel und so gerne wie kein anderes Kind in der Gruppe. Ton zum Spielen und Gestalten mag er, nur stört ihn, daß man dazu eine Schürze anziehen soll. Auch macht es ihm zu schaffen, daß er, während er mit Ton spielt, andere, spannende Dinge verpassen könnte, denn sein Vormittag in der Spielgruppe besteht aus lauter Spannendem und Abenteuerlichem. So reagierte er auf meinen sanften Druck in Richtung Weihnachtsgeschenk mäßig begeistert. Zwar flitzte er auf dem Steckenpferd ab und zu am Werktisch vorbei, wo ein paar Kinder mit Naturton kleine Wandbilder gestalteten. Als der letzte Termin zum Brennen der Tonsachen näherrückte, fragte ich Carlo nochmals, ob er nun seinen Eltern ein kleines Geschenk machen wolle. Stirnrunzelnd ließ er sich auf den

* aufgeschichtetes Holz

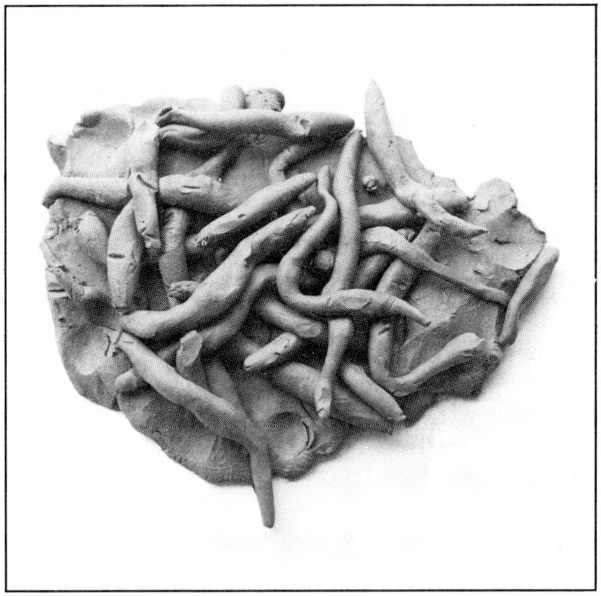

erstbesten Stuhl plumpsen und griff mißmutig nach einem Lehmmocken. Eher eine schlechte Ausgangslage für ein spontanes Kindergeschenk, ging mir dabei durch den Kopf. Während er ohne Begeisterung den Lehm flachdrückte, suchte ich nach Möglichkeiten, ihm zu helfen. «Was mag denn deine Mutter gern?» fragte ich vorsichtig. Er zuckte die Achseln, gab keine Antwort, äugte um die Ecke, um zu sehen, was wohl unterdessen im Steckenpferdestall vor sich gehe. Schwierige Sache, ich versuchte es nochmals. «Was magst denn du gerne?» «Wenn sie mich kitzelt am Rücken.» Das war immerhin eine Antwort, zudem blitzte es in seinen Augen spitzbübisch. Nur, wie ließ sich daraus ein Geschenk ableiten? Unterdessen drückte er mit der linken Hand gedankenlos weitere Tonfladen, während er mit der rechten nachdenklich in der Nase bohrte – für mich ein Zeichen, daß er in seinem Kopf nach etwas suchte. Ich betrachtete die Fladen und schlug vor: «Wie wäre es, wenn du ihr einen Kuchen backen würdest?» Er hielt inne mit Bohren schnuffelte, schaute auf und meinte lachend: «Einen Kitzelkuchen?» «Vielleicht», antwortete ich, ohne die leiseste Vorstellung von einem Kitzelkuchen zu haben. Er aber hüpfte vom Stuhl, holte aus dem Puppenbesteck eine Gabel und fing an, seinen Fladen damit zu kitzeln. Hin und her, auf und ab und zuletzt gab er ihm einen Tupfer. «Fertig, backen!» sagte er zu mir und klatschte den mit Spuren versehenen Fladen vor mich hin. Ich nahm einen Lappen vom Tisch, schob den Kuchen darunter, dies war unser Backofen, und wartete. Unterdessen kitzelte Carlo bereits den zweiten Kitzelkuchen, was ihm offensichtlich Spaß machte. Der erste kam gebacken unter dem Lappen hervor, er klatschte den zweiten obendrauf und sagte: «Wie eine Crèmeschnitte!» So kitzelte der Schalk lachend und voller Vergnügen einen Fladen nach dem andern und schichtete sie aufeinander zu einem dicken Kitzelkuchen. Zuletzt stand Carlo auf den Stuhl, stach mit der Gabel in das Gebilde und meinte: «Dreinstechen muß man, wegen der Luftblasen.»

Carlos Mutter freute sich über dieses Geschenk, besonders als ich ihr erzählte, wie es entstanden war. Sie hat dadurch wichtiges erfahren wie: «Mein kleiner Sohn hat zwar weder Zeit noch Lust, mir ein Geschenk zu basteln, aber er hat mich lieb, und er mag es, wenn ich ihm den Rücken kraule.»

Die Scheiterbeige, das zweite, kaum definierbare Lehmprodukt, hat einen andern Hintergrund. Drei Schulkinder kamen zu Besuch, zehn-, elfjährig. Mirjam und Regula wollten zusammen mit meiner Tochter Tonreliefs machen, wie sie es in der Schule gelernt hatten. Urs hingegen rümpfte die Nase, trollte sich zu den Turngeräten. Die Mädchen waren bienenfleißig am Formen, klatschten über die einen und die andern – ein richtiger Frauenclub. Sie erinnerten mich an wohltätig strickende Frauen vor dem Kirchenbazar. Urs hatte in diesem Verein offensichtlich nichts zu suchen. Trotzdem gesellte er sich später zu ihnen, schaute, was sie taten, nahm ebenfalls ein Stück Ton und richtete sich damit am untern Tischende ein. Die Mädchen betrachteten ihn kaum, ließen ihn gewähren. Während sie mit hauchdünnen Lehmwürstchen schmucke Häuschen, Bäume und ein Kind mit Luftballons auf ihre Tonplättchen zeichneten, meldete Urs an: «Ich mache eine Katze.» Leider muß ich sagen, daß er kein begnadeter Künstler war und das Wurstgetier auf dem dicken, unebenen Lehmfladen eher einem lebensmüden Osterhasen mit X-Beinen glich. Die drei Freundinnen haben weder gekichert, noch einander geschubst, aber der Fall war für alle klar: Das Hasenbild fiel aus dem Rahmen, hielt keinem Vergleich stand, und auch ein ermutigender Kommentar meinerseits hätte daran nichts geändert.

Zu meinem Erstaunen blieb Urs am Tisch sitzen, griff nach weiterem Lehm und beteiligte sich am Gespräch, das durch ihn eine andere Wende nahm. Von Prüfungen, Proben, Dümmeren und Gescheiteren war jetzt die Rede. Ich setzte mich zu ihnen, hörte, redete mit, merkte, wie sehr Urs vom Thema betroffen war und wie gut es ihm tat, darüber zu sprechen. Mich berührte es, wie vernünftig, aber auch traurig und enttäuscht die Kinder von ihrem Schulalltag berichteten, während sie weiter an ihren Lehmbildern arbeiteten. Mir schien, daß ihre mit Lehm tätigen Hände das In-Sätze-Kleiden und Worte-Finden wesentlich beeinflußten, ja vielleicht erst möglich machten. Auch Urs rollte Tonwürste. Er riß sie in kleine Stücke, hielt inne, hörte zu, dachte nach, sagte wieder etwas. Er legte die Lehmrollen kreuz und quer auf seine Tonplatte, wie es gerade kam. Er bekam dafür weder mitleidige noch vergleichende Blicke, weder von links noch von rechts, er war einer von uns und tat, was auch wir taten. Als die andern ihre Bilder zum Trocknen legten, schob er mir sein Gewurstel lachend zu: «Eine Scheiterbeige, aber das Holz muß erst trocknen.» Sein Gesichtsausdruck, das herzliche Lachen der andern Kinder, die Geste, mit der er mir das Ding zuschob, alles stimmte. Am meisten vielleicht das Bild vom noch feuchten Holz, das Raum und Zeit, Sonne und Wärme braucht, bevor es sich nach einer gegebenen Ordnung aufschichten läßt.

Das Liebgotthaus ist eines meiner liebsten Geburtstagsgeschenke. Es hat mich getröstet über alle Zweifel und meine Unfähigkeit, unsern Kindern biblische Inhalte glaubwürdig zu vermitteln, weil mir in dieser Hinsicht im Laufe der Jahre selber gar manches abhanden gekommen ist. Neues, Lebendiges ist hinzugekommen, aber das steht nicht unbedingt in der Bibel. Es füllt, verändert, bewegt mein Leben, und ich hoffe nur, daß sich meine Kinder daraus ein Stück Vertrauen und Geborgenheit nehmen.

Als meine noch nicht siebenjährige Tochter mir ihr Lehmbildchen erläuterte, spürte ich so etwas wie eine göttliche Toleranz, die weit über unsre engen Herzen und beschränkten Gedanken hinausgeht. Alles, was dieses Kind an Gefühlen, Wünschen und Gehörtem zur Verfügung hatte, reimte es zusammen und zeichnete daraus, so groß wie seine Hand, dieses Gottesbild aus gebrannter Erde. «Es ist ein kleines Haus», erzählte sie mir dazu, «die Tür ist zu, aber nie verschlossen. Wenn man hineinkommt, brennt das Licht, immer, denn es ist das ewige und geht nie aus. Sonst hat's nicht viel im Haus, aber im Garten, da wächst alles, was ‹Gotts*› und wir brauchen. Es gibt Sträucher, daran wachsen richtige, runde Käse. Gott oder der Josef, wer gerade Zeit hat, erntet sie und stellt sie vor's Haus zum Ausreifen. Jeder kann davon nehmen, soviel er braucht»! Ich drückte meine kleine Tochter fest an mich und freute mich an ihrem weiten gütigen Gottesbild. Vielleicht essen kleine Kinder nachts ungestraft vom Baum der Erkenntnis und bleiben dadurch heil und ganz, weil sie noch nicht wissen, daß es verboten ist? Wenn ich ein schlafendes Kindergesicht betrachte, bin ich fast sicher, daß sie es tun. Was mich traurig macht, ist zu sehen, wie Kindern der Glaube an die Güte und das Vertrauen abhanden kommt, wenn wir ihrer Lebendigkeit und ihrer gesunden Neugierde laufend mit Geboten und Verboten entgegentreten und sie zwingen, sich und die Welt zu teilen in Erlaubtes und Verbotenes. Damit zwingen wir sie in unsere Erwachsenenrealität hinein, die weitab ist von einem gütigen Gott, der für uns alle, so wie wir sind, hoffentlich lächelnd, Käse und alles, was wir brauchen, bereithält.

* die Familie Gottes

11 Wie die Gartenzwerge kurz vor Weihnachten ins Schulhaus kamen

«. . . als der arme Sankt Nikolaus mit Husten nicht mehr aufhören konnte, öffnete sich die Tür eine kleine Spalte, und wer guckte hinein? Es war Pim!» Sabine strahlte, ihr Pim! Die andern Kinder drehten die Köpfe und konnten ihn sehen – Pim mit den grünen Hosenträgern, wie er mitten unter den andern Gartenzwergen stand und sich sonnte. «Und weiter!» rief Andres. «Als nächster drückte sich Zwerg Muschi durch die Spalte, während Zipfel noch am Seil hing, das Pim an der Türfalle festgebunden hatte . . . » «. . . und er fiel hinunter.» fuhr Erwin weiter. «Nein, das ist nicht wahr!» Katja war aufgestanden und wehrte sich halb wütend, halb traurig für ihren Zwerg. «Er ist nicht hinuntergefallen, sonst wäre er nämlich kaputt».

«Dann ist er halt in den weichen Schnee geplumpst», meinte Erwin achselzuckend. «Genau, und wißt ihr, wer ihn mit der Schneeschaufel des Sankt Nikolaus wieder ausgegraben hat?»

«Mops und Jakob», rief Katja und schubste gleichzeitig ihre Freundin. Sabine nickte zustimmend und war zufrieden, daß damit auch Zwerg Jakob in der Geschichte seinen Platz gefunden hatte – Jakob, dem sie eben rosa Backen und eine blaue Zipfelmütze gemalt hatte.

So ungefähr tönte es in der letzten Schulstunde der 1. Klasse im Schulpavillon, bevor zwölf Kinder zur Tür hinausstürmten. Keines rannte am Bücherbrett vorbei, ohne einen Moment anzuhalten und sich von seinem noch feuchten Gartenzwerg zu verabschieden.

«Adieu Pim, mach's gut, ich komme morgen wieder!»
«Hoi Zipfel, trockne schön!» Jodok, der Dicke, bekam einen sanften Kuß auf den Zwergenbauch, während Katrin ihrem Fridolin liebevoll ein festgeklebtes Pinselhaar vom Augendeckel nahm.

Das Zwergen-Team

Erschöpft, lachend und kopfschüttelnd setzten wir uns auf den nächsten lehmfreien Pultdeckel – wir, das Zwergen-Team, bestehend aus einer Lehrerin und mir. «Meine Güte, war das eine Sache!» stellte Marlyse seufzend fest.
Erst jetzt kamen wir dazu, die zwölf Lehmgesellen in aller Ruhe zu betrachten, die da einhellig und frisch bemalt dem schulfreien Nachmittag entgegentrockneten. Sie sahen in der Tat köstlich aus. Keiner war wie der andere. Dicke, Dünne, Verzworgelte und Kerzengerade gab's, solche mit Hohlkreuz, andere in Vorlage mit

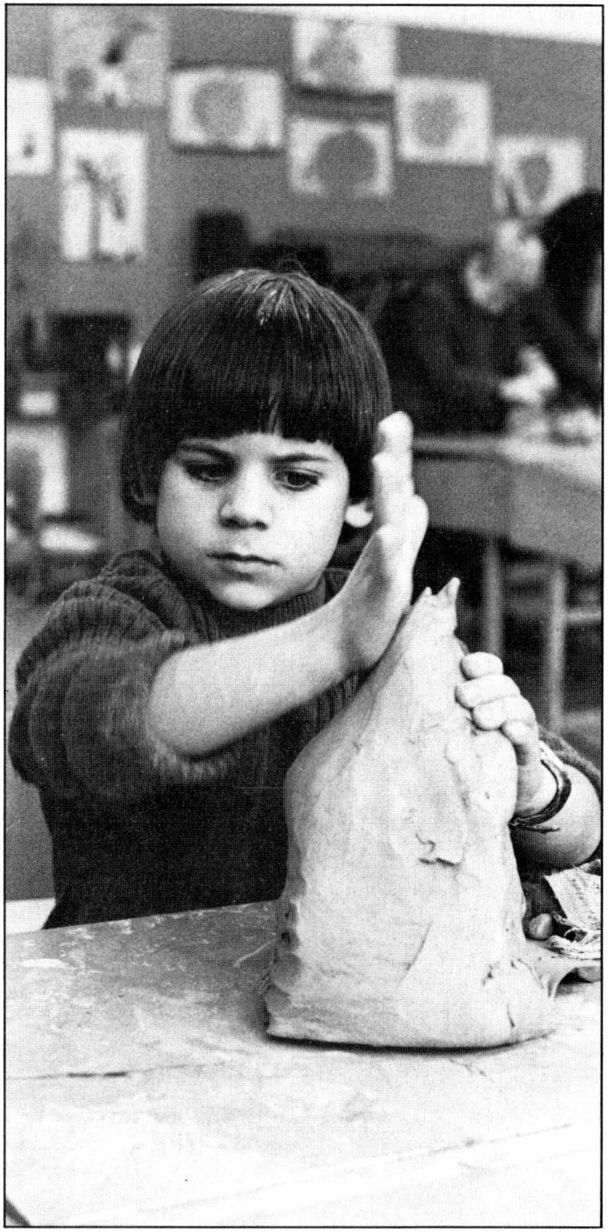

seitlichem Hexenschuß. Hätten wir den Schönsten auswählen müssen, wir wären ratlos und überfordert gewesen. Jeder Zwerg hatte etwas Lustiges, Besonderes auch, irgendetwas von dem Kind, das ihn ganz und von Anfang an mit seinen Händen geschaffen hatte. Frech und mutig wirkten die einen, andere wieder tollpatschig oder verträumt.

Schulkinder – Spielkinder

Seit dem Frühjahr gehen die zwölf Kinder, mit denen wir unsere Zwergengeschichte erlebt haben, zur Schule. Sie kennen große und kleine Buchstaben und können längst bis hundert und wieder rückwärts zählen. Daß sie aber so schnell wieder ins Spielen kommen, daß ihre Phantasiewelt noch nahtlos in die Realität übergeht, das hat uns überrascht und gefreut. Kinder, die mit Fernsehen, Computerspielen, technischem Spielzeug vertrauter sind als wir, hören atemlos und gebannt meiner einfältigen Geschichte vom krankgewordenen Nikolaus zu. – Sankt Nikolaus, dem ihre eben fertig gewordenen Gartenzwerge beim Lebkuchen und Grittibänz* backen helfen, damit er mit seinen Gaben rechtzeitig zu den Kindern kommt.

Wenn diese Geschichte auch alltäglich und aus dem Moment heraus entstanden ist, sie ist doch anders als das, was Kinder über Fernsehen und Kassetten hören. Ich war beim Erzählen selber bei ihnen, nahm innerlich Anteil an dem, was geschah, genau wie sie auch. Jedes Kind konnte unterbrechen, Fragen stellen, selber mitdichten. Und die handelnden Personen, Pim, Zipfel, Jakob waren keine Dutzendware aus irgendeiner Trickkiste, sie waren beim Erzählen selber im Raum! Mehr noch: Diese Wichtelmänner aus Ton hatte es vor einem Monat noch nicht gegeben, und es wird sie nie wieder genau gleich geben. Jeder gehört zu einem bestimmten Kind, das ihn mit seinen Händen geschaffen hat. Es hat ihm seinen Namen gegeben und kennt ihn wie niemand sonst. Jeder Zwerg hat seine eigene Geschichte, wie er zur Welt gekommen ist. Das Kind wird diese Geschichte weiterspinnen, in der Schule sogar, wo diese Wichtelmänner noch eine Weile wohnen werden und allerlei im Schilde führen. Die Lehrerin hat neulich beim Hefte korrigieren ihre Ohren gespitzt und vom Zwergengeflüster auf dem Bücherbrett einiges mitbekommen.

* Weihnachtsfigur aus Hefeteig

Sie wollen zum Beispiel
- die Finken* mit denen der Neuntklässler vertauschen,
- den Kaktus zum Blühen bringen,
- über Nacht alle Farbstifte spitzen,
- im Lehrerzimmer Jux-Würfel in die Zuckerdose legen,
- jedem Kind, das Geburtstag hat, eine gute Note ins Probenheft zaubern,
- dem Abwart den Besen in einen automatischen Schnellwischer verzaubern . . .

Leider hat die Lehrerin nießen müssen, und beim «hatschi» sind alle Zwerge still geworden. Keiner hat mehr den Mund aufgetan oder auch nur mit den Augen gezwinkert. «Und meiner, was hat meiner gesagt?» wollten die Kinder wissen. «Da mußt du ihn schon selber fragen, und wenn er dir nichts sagen will, flüstert er es dir vielleicht im Traum zu, dann, wenn Zwerge und Riesen, Hexen und Feen wach und lebendig werden», antwortete die Lehrerin.

Endprodukte dürfen wichtig sein

«So schön ist der geworden und ganz anders, als ich gemeint habe!» Mit beiden Händen fährt Maja immer wieder über den farbig-glänzenden Zwerg, der eben aus dem Brennofen vom großen Schulhaus zurückgekommen ist. Er sieht wirklich ganz anders aus, seit er glasiert ist und die Engoben durchs Brennen zu richtigen Keramikfarben geworden sind. Und wie haben wir Erwachsenen aufgeatmet, als wir sahen, daß alle Zwerge, auch der gewagteste mit abstehenden Ohren, Schlagseite und Tabakpfeife, den Brand heil überstanden hatte! Wem haben wir das wohl zu verdanken? Der Werklehrerin, die am freien Nachmittag mithalf, die urtümlichen Wesen gleichmäßig mit Glasur zu übergießen, die mit Sorgfalt den Brennofen einräumte und beim Aufheizen achtgab? Auch die Kinder selber haben zum Gelingen beigetragen, indem sie das Aufschneiden, Aushöhlen und Wiederzusammensetzen der beiden Teile ernst und wichtig nahmen. Vielleicht aber waren es die Zwerge selber, die viel lieber bei uns bleiben als in Stücke zerfallen wollten?
Die ganze Entstehungsgeschichte war wichtig und an sich ein Erlebnis; daß am Schluß aber etwas Gelungenes, Sichtbares herauskam, das war für uns wie für die Kinder von großer Bedeutung. Marlyse, die Lehrerin merkte das besonders, wenn Besuch ins Schulzimmer kam – Mütter oder Väter, der Lehrer von nebenan und die Großen vom Pausenplatz, jeder mußte die Zwerge sehen. Stolz und fachkundig gaben die Kinder Auskunft, wenn sie nach der Machart

* Hausschuhe

gefragt wurden, brauchten Arme und Hände beim Erklären dieses handgreiflichen Werdegangs.

Sich Zeit nehmen zum Spielen

Wie sind eigentlich diese Gartenzwerge zur Weihnachtszeit entstanden? An einem Donnerstagmittag stand Werken mit der Halbklasse auf dem Stundenplan. Eine Viertelstunde bevor die zwölf Kinder antrabten, haben wir die Pulte beiseite geschoben. So entstand in der Mitte des Schulzimmers freier Raum. Wir konnten ein großes Stück Bauplastik auslegen, auf dem alle, die mitspielen wollten, Platz fanden. Die Schachtel mit den Malhemden stand bereit, für jedes Kind und für uns feuchteten wir einen Baumwoll-Lappen an. Auch brauchten wir den Draht zum Tonschneiden und natürlich die Hauptsache: gut 20 kg Keramikton in Form von zwei glänzenden, in Folie verpackten Riesenstangen erwarteten die Kinder.

Übermut und gleichzeitig scheues, gegenseitiges Begucken, denn wir kannten einander nicht. Eine Spielregel wurde abgesprochen, nämlich daß ich in der nächsten Stunde die Hand hochstrecken würde, wenn ich etwas sagen wolle und nicht die Kinder, eine Form, auf die ich im laufe der Zeit beim Spielen mit Ton gekommen bin. Sie macht es möglich, eine Gruppe von Kindern oder Erwachsenen zu leiten, ohne das laute und lustige Treiben zu hemmen, seine Stimmbänder zu havarieren oder mit gekränkt-verzweifeltem Rehblick immer wieder um Ruhe und Verständnis zu flehen.

Die Kinder und ich packten den Ton aus, beguckten, griffen das feucht-graue Material an, nicht alle kannten es. Ich erklärte beiläufig, daß es Natur-Ton sei und daß dieser Ton aus der Erde kommt, nicht weit von hier. Wir teilten die Tonwurst in so viele Stücke wie Mitspieler auf dem Bauplastik saßen.
Die Kinder bestaunten die Spiralen auf der Schnittfläche und betasteten sie. Wir standen auf, schmetterten die Tonstücke mit Wucht zu Boden. Wüste Wörter sagten wir dazu, schrecklich wüste sogar, und niemand hat nur ein einziges davon richtig verstanden . . . Dann bohrten wir mit dem Finger Gucklöcher. Wir haben den Ton gekniffen, geschraubt, mit den Fäusten draufgetrommelt, mit den Fingern Straßen gezogen. Meine Anregungen und die Ideen der Kinder ergänzten sich im Wechsel, es war ein bewegtes, lustiges, aber konzentriertes Spielen, bei dem nicht ein Kind unbeteiligt blieb.

Mir ging es darum, den Kindern auf spielerische Art vielfältige Materialerfahrung zu liefern, sie anzuregen und aufzufordern zur aktiven Auseinandersetzung mit diesem Material, Angst und Hemmungen abzubauen und ihre Phantasie zu wecken. Das mag anspruchsvoll und nach Fachkompetenz klingen, aber Kinder machen uns diese Arbeit leicht, viel leichter als wir es uns denken können! Wir begeben uns auf ihre Ebene, begegnen ihnen dort, wo sie zu Hause sind, statt sie künstlich und mit hundert Tricks in unsere vertrockneten Gefilde zu locken.

Ohne es zu merken, haben wir während dieser Schulstunde, die so schnell wie kaum eine andere vergangen ist, alle wichtigen handwerklichen Grundkenntnisse zum Tonen durchgespielt. Eine Vielfalt von anspruchsvollen Bewegungen der Hände, der einzelnen Muskeln und der Finger haben die Kinder gezielt ausgeführt. Dabei haben sie hautnah begriffen und auch gesehen, wie diese Bewegungen im weichen, griffigen Ton Formen, Strukturen und Spuren hinterlassen.

In der Viertelstunde vor dem Läuten haben wir mit Fäusten und flachen Händen aus dem Ton einen großen Fladen geklatscht. Wir haben den Ton aufgerollt und durch's Fernrohr geguckt und diesen schließlich als Roulade senkrecht vor uns aufgestellt. Sachte von unten nach oben drückten wir von allen Seiten mit beiden Händen, bis ein hoher, dünner Turm entstand. Gerade bevor die Spitze überschwappte, hielten wir inne, schauten nach links, nach rechts und rundum. Welch skurille Formen ragten da gen Himmel! Tropfsteinähnlich, wie in einer Grotte sah es aus. Dann der letzte Händedruck – alle Spitzen, eine um die andere, neigten sich lautlos, und damit war «ein Rüsseltier, ein Rüsseltier!» geboren. Es brauchte noch Augen, es bekam einen Mund zum Fressen und zum Reden in einer erfundenen Sprache, die kein Mensch verstand, einigen wuchsen Ohren, Tatzen. Jedes Kind formte an seinem Tier, ohne Notiz zu nehmen von dem, was links und rechts geschah.

Und gerade, als es die Rüsseltiere am buntesten trieben, miteinander tanzten, gröhlten, einander den Schwanz wie ein Halstuch umlegten und Trompete bliesen, kam der Vollmond und damit die Zaubernacht. Ein dichter, feuchter, brauner Nebel (lies Lappen) deckte sie zu, und darunter lösten sich die Rüsseltiere mit feinem Gesumse auf, in einen Klumpen ganz gewöhnlichen Ton.

Fast andächtig, ruhig und rundum müde legte jedes Kind seinen Mocken hin. Kein Radau,

kein Stoßen und Raufen beim Wegräumen und Händewaschen, etwas vom Zauber war an ihnen hängengeblieben.

Themenbezogenes Schaffen ist möglich

Eine Woche später kam ich wieder, wie alte Bekannte begrüßten mich die Kinder auf dem Schulhausplatz. Diesmal hatten wir einen ganzen Nachmittag zur Verfügung und das war gut. Für heute räumten wir die Pulte nicht weg, sondern stellten sie zu drei Blöcken zusammen, so daß immer vier Kinder daran Platz fanden. Vorsichtig belegten wir die Pultdeckel mit Plastik-Kerichtsäcken, was sich als Reinfall erwies: sie knitterten, klebten am Ton oder verschoben sich, so daß wir sie wieder entfernten und auf dem bloßen Pultdeckel arbeiteten, der sich nachher mühelos reinigen ließ.

Ich setzte mich mit den Kindern in einem Kreis auf den Boden und klärte ihnen, daß ich heute nicht mit Ton spielen möchte, sondern daß wir alle einen Zwerg, einen Wichtelmann, einen Troll oder ein Heinzelmännchen machen können. Die einen guckten freudig, andere fragend, aber nicht ein Kind sagte: «Das kann ich nicht». Ich zeigte ihnen ein etwa 1 kg schweres Stück Ton und erinnerte sie ans Rüsseltier vom letzten Mal.

«Genau so drücken wir auch heute unseren Mocken, bis er groß wird, bis eine Zipfelmütze entsteht und bis er Arme und Beine bekommt. Und weil noch niemand Zwerge oder Heinzelmännchen aus der Nähe gesehen hat, weiß auch niemand so genau, wie sie eigentlich aussehen. Eines nur ist sicher: So wie es nicht zwei gleiche Menschen gibt, so gibt es auch keine zwei gleichen Zwerge. Jeder hat seine Geschichte, sein Alter und seinen Namen, und das weiß zuerst nur das Kind, das ihn gemacht hat».

Die Kinder nickten und trollten sich zu ihrem Pult, zu ihrem Lehmmocken. Nicht allen fiel der Anfang gleich leicht, gleich schwer. Die Kräftigen, Angriffigen, Temperamentvollen drückten und formten drauflos. Zartere, stille Kinder blieben zaghaft, etwas ratlos, kamen mir vor wie am Steilhang. Wir hatten Zeit. Marlyse und ich plauderten mit ihnen und drückten selber kräftig dort, wo es nicht vorangehen wollte. Ab und zu halfen wir der Form etwas nach, bis in den Grobumrissen etwas Zwergenähnliches vorhanden war. Von da an fand jedes Kind selber den Weg. Immer noch ohne Werkzeug klaubte eines mit Daumen und Zeigefinger vom untern Teil seiner Figur ein großes Stück Ton heraus, so daß ein Zwischenraum und Hosenbeine entstanden. Andere taten es ihm gleich, formten Schuhe, Halstücher.

Ungefähr nach einer Stunde standen ein Dutzend Zwerge da, wurden mit feuchten Fingern glatt gestrichen, bekamen noch einen Schnauz, Knöpfe oder Zähne.

Eine Verschnaufpause war nötig, bevor der erste Zwerg mit dem Draht entzweigeschnitten werden sollte. Die Kinder schauten mich entsetzt an. Erwin sagte, das werde er mit seinem Zwerg nicht tun. Damit hatte ich nicht gerechnet. Für die Kinder waren die Zwerge bereits lebendig geworden, lebten wie das Holzstück, das stöhnte, als der Meister in der Geschichte von Pinocchio mit seinem Werkzeug hineinschnitt . . .

Geduldig erklärte ich, worum es ging, daß dicke Zwerge beim Brennen zerspringen würden, daß wir sie aushöhlen und dazu entzwei schneiden müßten. Schweigen ringsum auch, nachdem ich versichert hatte, daß sie zusammengesetzt wieder genau gleich aussehen würden wie jetzt. «Ich mach's mit dem Zauberlappen!» rief plötzlich Karin, «dann spürt er nichts!» Gespannt schauten die Kinder zu, wie sie ihren Zwerg mit dem nassen Lappen, dem Nebel vom Rüsseltier, zudeckte und murmelte: «Hokus pokus fidibus, dys Gschpüri isch duß!»*

Wir nahmen das Tuch weg, und ohne zu Zögern schnitten Katrin und ich den Zwerg mitten entzwei: Mit der Drahtschlinge zeichneten wir an, wieviel ungefähr ausgehöhlt werden sollte. Wie sie damit begann, rannte jedes Kind an seinen Platz. Ein Zwerg nach dem andern verschwand unter dem Narkosetuch und unterzog sich bereitwillig der notwendigen Prozedur. Was die Kinder beim Aushöhlen plauderten, fand ich einmalig. Einige hielten eine Art Selbstgespräch, andere sprachen mit dem zerschnittenen Zwerg. Von Därmen, vom Herz, vom alten Dreck und anderem, das mit der Verdauung zusammenhängt, war die Rede... Wie gut, daß zwei Erwachsene da waren, um beim Aushöhlen und Wiederzusammensetzen zu raten und zu helfen. Dieser Vorgang war doch recht anspruchsvoll und ungewohnt für die Kinder. Mit Schlicker, einem dünnen Brei aus Lehm und Wasser, bestrich eins ums andere die Schnittkanten der beiden Einzelteile und freute sich, als sein Zwerg wieder ganz dastand. Während die Nahtstellen noch gefeuchtet und glatt gestrichen wurden, überlegte sich jedes Kind den Namen für sein Männchen. Dann wurde es zur Zwergenversammlung auf's Bücherbrett gestellt, und die Kinder gingen nach Hause.

* du spürst nichts mehr

Elvan, Erich
Dorli
Ente, Elefant, Esel, Ei
Dorn
Elch, Eis
Efeu, Edi

Zwerge mit Farbe einkleiden

Nicht weniger als zehn verschiedene Farbtöne Engoben hatten die Kinder zum Malen zur Verfügung, als wir uns drei Tage später noch einmal mit unsern Zwergen trafen. Diese waren über's Wochenende angetrocknet, lederhart geworden und damit genau richtig, um farbige Kleider zu bekommen. Jedes Kind stellte seinen Wicht vor sich hin, nahm einen Bleistift, um Konturen anzuzeichnen, und besprach mit ihm Kleider- und andere Wünsche.

«Wie möchtest du deine Haare haben? Welche Augenfarbe gefällt dir? Willst du bleich, rosa oder braun aussehen im Gesicht oder bist du gar ein Mooszwerg und ganz grün? Magst du Hosenträger? Was sagst du, schwarze Schuhe gefallen dir? Tut mir leid, die Farbe ist ausgegangen, dürfen es auch braune sein?»

Dieser letzte Arbeitsgang geschah im Dialog und in der lebendigen Auseinandersetzung mit dem Geschaffenen. Er war weit mehr als einfach Anmalen, forderte Präsenz, Gedanken- und Beziehungsarbeit. Dementsprechend wurden die Zwerge auch lustig, phantasievoll, mit vielen Farben und Mustern. Nur Isabelle strich ihren Zwerg von oben bis unten rosa an. Ich schaute ihr zu und wußte nicht recht, ob sie verstanden hatte, worum es ging. «Gefällt dir diese Farbe?» fragte ich sie. Sie schaute auf, strahlte mich an und sagte: «Ja, rosarot, er bekommt den genau gleichen Skianzug wie ich zu Weihnachten, doch jetzt hat er ihn schon!»

12 Unser Hausdrache Kressavia Zettlov

Wie soll ich von unserem Hausdrachen erzählen, ohne zu schwindeln? «Ehrlich währt am längsten» hat meine Großmutter einst mit rotem Perlgarn Nummer acht auf weißen Stramin gestickt, und das glaub ich ihr heute noch, weil sie eine liebe und gescheite Frau war. Aber eben, wenn ich mich in den letzten Wochen etwa zum Schreiben verzog, sagte bestimmt eines der Kinder: «Also, schreib wenn's sein muß wieder ein Buch, aber diesmal nichts von mir!» Jemandem muß ich somit wegen Kressavia, die eine Dreckgeschichte wert ist, etwas vormachen, den Kindern, mir selber oder dem, der sie liest – es sei denn, ich greife, wie Kinder es manchmal tun, zum offenen Schwindel. Erzähler und Leser oder Zuhörer wissen dann, daß sie sich in gegenseitigem Einvernehmen für ein Weilchen vom Boden der harten Wirklichkeit abheben . . .

Es war einmal eine Familie, die hatte vier Kinder, drei Mädchen und als ältestes einen Sohn, der hieß Nummereins. Die älteste Tochter nannten sie Wannbistduda, dann kam das Mädchen Einrädchen, und die Jüngste war die blondgelockte Katzliebevoll. Eigentlich hatten sich Eltern und Kinder sehr gerne, aber selten waren sie alle beieinander, denn wenn die einen Zeit hatten, waren die andern fort oder in Eile. So kam es, daß sie sich die wichtigsten Dinge gar nie sagen konnten, schlimmer noch, wenn sie es jemals versuchten, war's bestimmt kein guter Moment dafür und sie verstanden einander falsch. Es gab sogar Zeiten, da sie überhaupt fast nicht miteinander redeten, außer sie schimpften und zankten, und – der Teufel hatte sie wohl persönlich mit der Gabel gestochen – sie fingen an, eins über das andere zu reden. Jeder weiß, daß es so nicht gut kommen kann, wenn jedes meint, das andere habe dies oder jenes gesagt, gemeint, undsoweiter. Die Mutter las ab und zu gescheite Bücher, statt sich um Geschirr und Sockenlöcher zu kümmern. Da stieß sie auf eines, das gerade diese Rede-Schweige-Nicht-versteh-Misere zum Thema hatte. Sie las, wie wichtig es sei, sich regelmäßig am Familientisch zu versammeln und die anfallenden Probleme, gleichgültig wie alt die Mitglieder dieser Versammlung seien, miteinander zu diskutieren. Neu gestärkt versuchte sie, ihre Lieben zu vereinen, doch wie sie sich auch anstrengte, weder mit Schimpfen, Drohen, Bitten oder Kuchenbacken wollte es ihr gelingen, alle sechs gleichzeitig an den Verhandlungstisch zu bringen. Ob es einfach so war oder ob der Teufel auch hier sein Huf im Spiel hatte, sei dahingestellt.

So ging das Leben weiter, man gewöhnte sich an's Ungemach und lebte von den guten

Momenten, wo zu nächtlicher Stunde zwei oder drei in der Küche zusammentrafen und sich aneinander freuten.
Der Frühling kam ins Land, und wie die ersten Vögel sangen, regte sich in den Herzen der Eltern und der Kinder Gutes. Zwar fanden sie weder Zeit noch Worte, aber sie hinterließen einander ab und zu eine geschriebene Nachricht. Wenn Nummereins zum Beispiel todmüde um Mitternacht von der Arbeit kam, und das tat er meistens, weil er von mittags bis tief in die Nacht arbeitete, fand er einen kleinen Brief, auf dem stand: «Gute Nacht, schlaf gut, es hat kein Wasser mehr zum Duschen, sorry», oder «Iß den Rest vom Käsekuchen». Wenn Mutter Einrädchen's Aufsatz abends nicht mehr durchlesen mochte, legte sie das Heft mit einem Zettel auf den Frühstückstisch und schrieb: «Es hat nur einen Fehler, ich drücke dir den Daumen bei der Probe.» Oder Mutter fand beim Heimkommen ihrerseits einen Zettel: «das grosi läsd grüsen und libe muntschi und diesoken komen»*. Katzliebevoll hingegen legte ihrem Vater jedesmal, wenn er spät heimkam, einen Geheimbrief auf's Kopfkissen, den außer ihm niemand lesen durfte.
Das Leben mit den geschriebenen Botschaften wäre kein schlechtes gewesen, hätte nicht der Teufel selber an dieser Selbsthilfe Anstoß genommen und versucht, das familiäre Nachrichtennetz auf hinterhältige Weise zu zerstören. Es dauerte eine gute Weile, bis jemand Verdacht schöpfte, so durchtrieben ging er ans Werk. Aber immer häufiger hörte man sagen: «Wo zum Teufel ist jetzt wieder . . . » Ja, genau so ging er vor: Wollte jemand einen Zettel schreiben, so waren die Bleistifte verschwunden, die Filzstifte allesamt ausgetrocknet und sämtliche Kugelschreiber untauglich. Jeder noch so bescheidenen und gut gemeinten Nachricht ging eine wilde Jagd durch's Haus voraus, und hatte der Mensch endlich ein Schreibmittel gefunden, war der Wortlaut vergessen und das Gütige, Freundliche, Vorsorgliche, das er hätte mitteilen wollen, war vom Ärger zunichte gemacht. Alle kauften immer wieder Schreibzeug, doch Belzebub war schneller. Alles verschwand auf unerklärliche Weise oder versagte den Dienst. Er trieb sein Spiel so weit, daß bald keiner mehr einen Zettel fand. Wie häufig sie sich auch Notizblöcke kauften oder einander solche zum Geburtstag schenkten, im entscheidenden Moment war nichts davon zu finden.

Der Vater, ein problem- und geschichtsbewußter Mann, beschloß, in der Hauschronik nachzulesen, ob der Böse schon zu früheren

* «Großmutter läßt grüßen, einen lieben Kuß, und sie schickt die Socken bald.»

Zeiten in diesen alten Mauern sein Unwesen getrieben hatte. Er fand allerlei Wissenswertes, auch Erstaunliches, was sich in dem dreihundert Jahre alten Haus zugetragen hatte. So etwa, daß vor hundert Jahren im ersten Stock des Hauses eine Gast- und Raststätte für Fuhrleute der letzten Pferdepost eingerichtet war. «Die hatten wohl dort oben manche Fuhr, fast wie wir», seufzte Vater beim Lesen. Den Kern aber, die Ursache für das unerklärliche Verschwinden vom Schreibzeug, konnte er nicht finden.

Eines Tages geriet Katzliebevoll in ihrer kindlichen Unschuld unverhofft an den Rand eines Geheimnisses, das noch eine Weile die Gemüter beschäftigen sollte. Sie war die Einzige in der Familie, die ohne Zaudern, wenn auch nicht liebend gerne, in die gewölbte Kellergruft stieg, um von dort Kartoffeln heraufzuholen. Alle andern fürchteten sich, sogar der tapfere Jüngling Nummereins nahm stets unter irgendeinem Vorwand eine seiner Schwestern mit, wenn er aus modriger Dunkelheit eine Flasche Most holen sollte. Nun aber, wie Katzliebevoll sich zum Kartoffelsack bückte, vernahm sie ein eigenartiges Schnauf-Schnarchen aus dem hintersten Winkel. Wer kann es dem Kind verübeln, daß es in hellem Schrecken den Kartoffelkorb fallen ließ und in Windeseile die Treppe hinaufstürmte? Atemlos und bleich vor Schrecken erzählte es von dem, was es im Keller zu Tode erschreckt hatte. Der Vater runzelte die Stirn, räusperte sich mutig, aber auch er stieg nur mit einer Lampe in den Keller. Ich habe ihn sogar im Verdacht, daß der Stock, den er mitnahm – um die Kellertür offenzuhalten, wie er sagte –, in gewissem Sinne eine Notwaffe war. Er leuchtete jede, auch die hinterste Ecke aus und kroch in jeden Winkel, doch außer Spinnen, Ratten- und Mäusedreck fand er nichts. «Dummes Weiberzeug», brummte er und stapfte in seinen schweren Schuhen, mit Spinnweben im Haar, mißmutig die Treppe hinauf. Nicht lange ließ die gerechte Strafe auf sich warten, die seinen Unverstand rächen und die Redlichkeit seiner jüngsten Tochter retten sollte.

In der nächsten Nacht erhob sich ein Föhnsturm und fegte über's Land, wie ihn auch die Alten im Dorf noch nie erlebt hatten. Es stöhnte und ächzte im Gebälk des mächtigen Dachstuhls. Ziegel lösten sich und zerschellten auf der Straße. Der Vater wälzte sich unruhig im Schlaf, während die Mutter um Haus und Hof, Hab und Gut bangte und mit zitternden Knien aufrecht im Bett saß, bis auch sie gegen Morgen der Schlaf übermannte. Es war jedoch kein gewöhnlicher Schlaf, der sich über sie legte, ein fürchterliches Schnarch-Schnaufen, so wie es

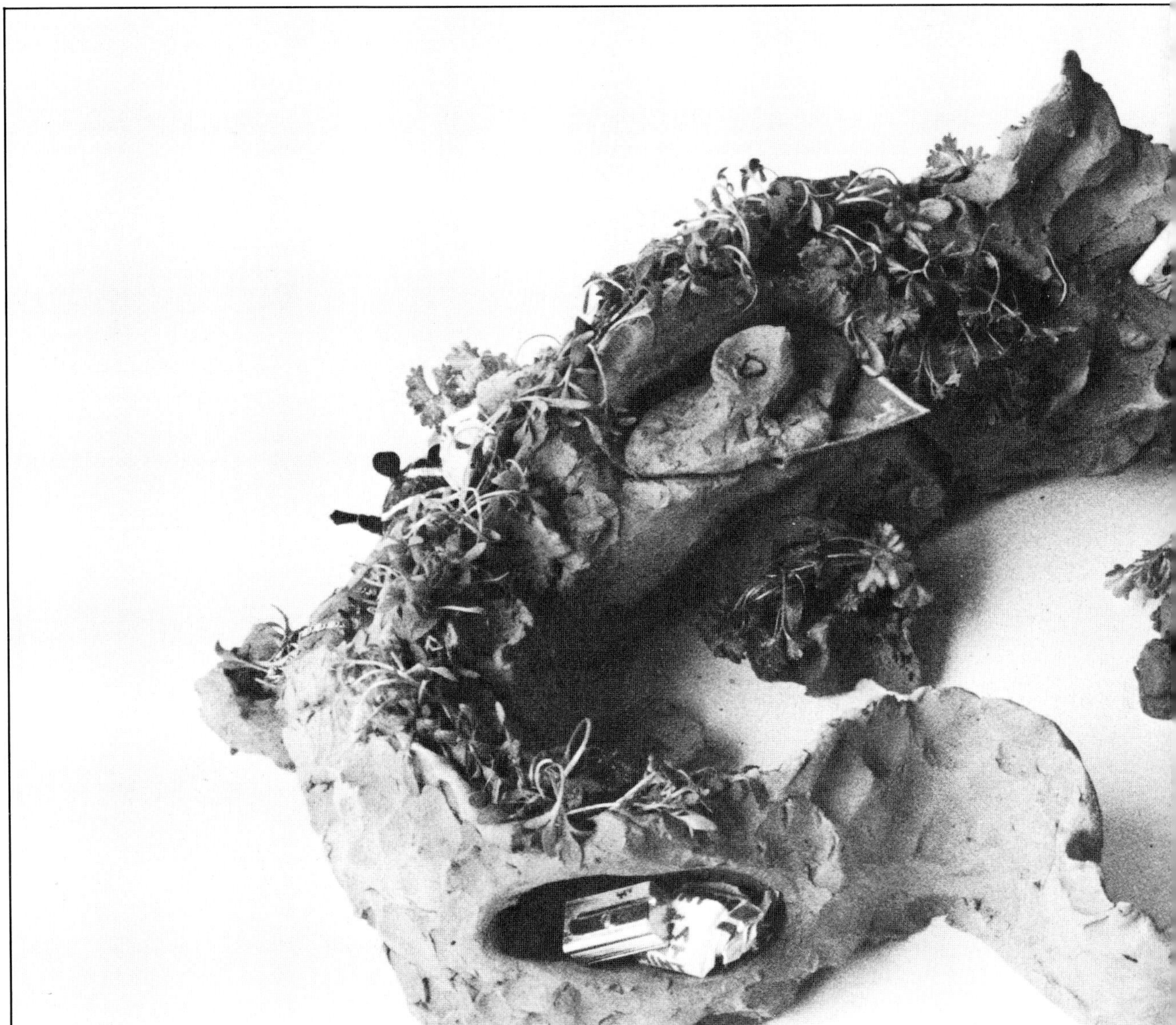

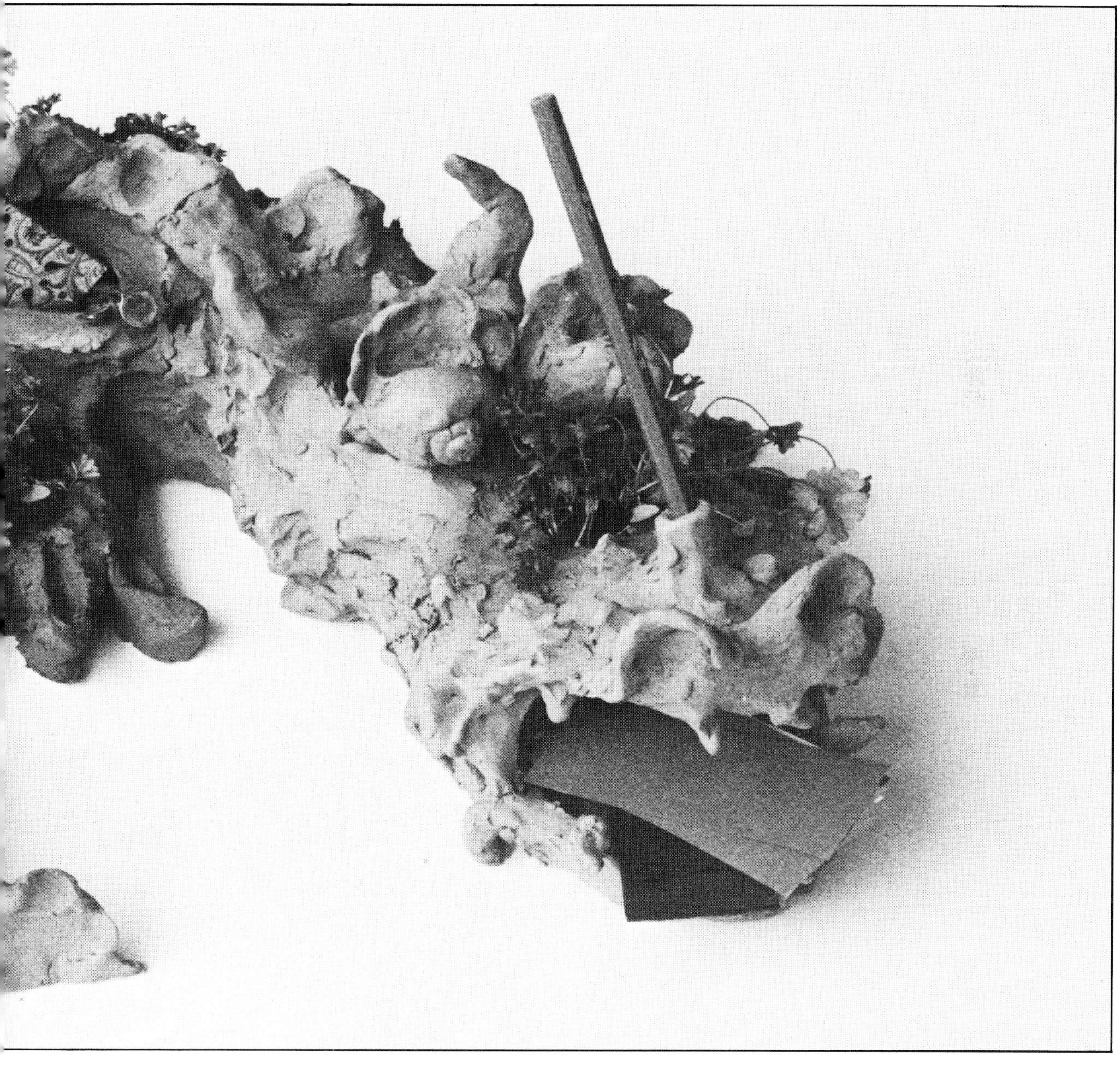

ihr Töchterchen im Keller vernommen hatte, ließ das Morgengrauen erzittern, und – was mußte sie sehen? – durch die Kellerstiege hinauf wälzte sich ein riesiges Untier, ein Drache mit Feueraugen, mit Moos auf der Schnauze und auf dem Rücken. Er peitschte mit wuchtigen Schweifhieben den niederbrausenden Regen, so daß die Blumentöpfe davonflogen und zerbarsten. Dann trieb er sich im Garten herum und verwüstete dort die spärlichen Kulturen. Mit seinem fülligen Leib zerdrückte er den Holzzaun, auf dem die Brombeerstauden lagen, und mit einem einzigen Tatzenhieb ließ er die Tür zum Hühnerhof schief und kläglich in den Angeln baumeln. Ein Blitz zuckte aus wolkenschwerem Himmel und erleuchtete für Sekunden das Bild des Grauens. Mit einem mächtigen Donnerschlag und Windgeheul jagte das Ungeheuer durch das offene Scheunentor. Ein dumpfes Grollen war noch zu hören, Katzen mauzten, der Hund bellte, dann wurde es still.
Als sich die Mutter schweißgebadet vom Schlaf erhob, getraute sie sich kaum, die Ruhestätte zu verlassen. Die Spuren vom nächtlichen Drachentreiben waren deutlich zu sehen: das offene Scheunentor, zerschlagene Blumentöpfe, der zerdrückte Brombeerhag und die halb weggerissene Tür am Hühnerhof, hinter der ein noch junger Gockel namens Baldrian sein zittrig heiseres Kikeriki ertönen ließ.
«Hast du das Schnarch-Schnaufen gehört?» fragte Katzliebevoll ihre Mutter, als beide bleich am Frühstückstisch saßen. «Ich bin tief unter die Decke gekrochen.» Die Mutter nickte, das Herz pochte ihr erneut bis zum Hals, doch sie ließ sich nichts anmerken, um das Kind nicht noch mehr zu ängstigen. Beim Geschirrabräumen fiel ihr ein, sie habe einmal gelesen, daß Dinge, die man zu Papier bringt, zeichnet oder aufschreibt, besser zu bewältigen seien, als wenn man sie nur in Gedanken mit sich herumtrage. So griff sie, als alle zur Schule oder zur Arbeit gegangen waren, zu einem Zettel. In ihrer Benommenheit fiel ihr nicht einmal auf, daß sie nach dem nächtlichen Zwiekampf der bösen Mächte einen solchen fand, und daß sogar ein Bleistift zugegen war. Mit ungelenken Strichen versuchte sie, das Ungeheuer wiederzugeben, doch weil sie von ihren Vorfahren keine zeichnerischen Fähigkeiten geerbt oder diese bei der Geburt ihrer Tochter Wannbistduda weitergegeben hatte, gab's einen eher kümmerlichen Helgen. Jedenfalls ließ sie ihn auf dem Küchentisch liegen, wo ihn Einrädchen fand und ausrief: «Ei, schau da, ein Nußgipfel mit Drachenkopf, dem Salat aus den Ohren wächst!»
Wieder war es ein Kind, das die Dinge ins rechte Licht zu rücken vermochte, denn die unbeschwerte Art, mit der Einrädchen dem bösen

Wesen begegnete, half auch der Mutter, nicht mehr in Schrecken zu erstarren, sie konnte sogar über den Unhold spaßen und lachen. Und weil Einrädchen ein Mädchen war, das gerne lachte, fing es immer wieder mit dem «Drachengipfel» an, sobald es mit der Mutter alleine war. Die beiden heckten allerlei Schabernack aus, halb ernst, halb im Spiel kamen ihnen die verrücktesten Gedanken.
Als man in die Ferien fahren wollte, wurde Einrädchen elend krank und blieb mit hohem Fieber auf ihrem Lager, während die Mutter eiskalte, im Essig getränkte Tücher um ihre bleichen Waden schlug. Das Fieber wich, und was taten die beiden? Sie fingen wieder vom Drachen-Gipfel an, lachten dabei wie zwei Narren, bis sie einander schließlich an den Händen nahmen und mutig aber unbewaffnet in den Keller stiegen, um dort eine Silberwurst zu holen. So war nämlich ihr Lehm verpackt, den sie kalt und feucht weit unter der Erde aufbewahrten. Sie schleppten die fünfzehn Kilo schwere Rolle ans Tageslicht und begannen, daraus, wie könnte es anders ein, das Ungeheuer zu formen. Als unverhofft das Königskind, die Freundin von Einrädchen, zu Besuch kam, staunte es nicht wenig über das ungewohnte Tun im Wohngemach, zumal es Sonntag war und viele Leute an der bleichen Frühlingssonne spazieren gingen. Doch Königskind war bezaubert von dem, was hier entstand und erahnte wohl die abenteuerlichen Hintergründe, auch wenn es nichts davon zu hören bekam.
In zwei Stunden formten sie zu dritt den Drachen, doch was der Mutter bei allem Spaß und aller Unbeschwertheit, mit der das Werk vonstatten ging, die Wangen rötete: Wie nach einem inneren Bild entstand das Ungeheuer, und zwar genau so, wie sie es in der grauslichen Föhnnacht gesehen hatte. Durch's Formen, Kneten und Drücken bezähmten sie das wilde Wesen, und was kam dabei heraus? Ein freundlicher Hausdrache, der in seinem Bauch sechs Höhlen hatte, die mit Deckeln verschlossen waren. Jeder dieser Deckel trug die Anfangsbuchstaben eines Hausbewohners: N für Nummereins, W für Wannbistduda, E für Einrädchen, K für Katzliebevoll und so weiter. Gefährliche Zähne zierten Maul und Rachen des Untiers, was mochte nur dahinter verborgen sein? Ein Stapel von Zetteln sollte das Maul bewachen, und wehe, wenn der Böse sich vergreifen sollte! Einem Stachel gleich ragte etwas Spitzes zwischen den Nüstern in die Luft – ein Bleistift, der niemals vom Ort weichen sollte, außer beim Zettelschreiben.
Die sechs Löcher aber waren dazu bestimmt, daß jeder darin zu früher oder später Stunde eine Nachricht finden konnte von jemandem, der ihm etwas mitzuteilen hatte.

Als das wuchtige Tier geformt war, schnitten sie es, auch wenn ihnen dies viel Herzeleid bereitete, mit einem Draht in vier Stücke. Wie sollte es sonst im Brennofen Platz finden? Sobald es den Brand heil überstanden hatte, wollten sie die Einbuchtungen an den Tatzen, am Kopf und vor allem auf dem Rückgrat mit Erde füllen, Kressesamen einstreuen und ihn befeuchten. Auf diese Weise kam der Drache zu seinem sonderbaren Namen Kressavia Zettlov. Leider muß ich sagen, daß diese Geschichte, auch wenn sie vom Inhalt her eine glückliche Wende nahm, mit Tränen endete. Denn meine frechen, undankbaren und ohne jedes Feeling für meine Schreibkunst ausgestatteten Kinder zeigten sich weder erkenntlich noch erfreut, daß ich ihre und unsere Privatsphäre mit Pseudonymen dichterisch gewahrt hatte, sondern sagten: «Also geht's eigentlich noch, so eine hirnverbrannte Story aus dem letzten Jahrhundert zu brünzeln*?» Oder: «Was mußt du auch immer so ein Wesen machen, statt daß du klipp und klar aufschreibst, so wie Betty Bossi, was gebraucht wird und wie man so ein Ding macht! Zum Beispiel: man nimmt zehn Kilo vom weichen Naturton, eine Drahtschlinge zum Aushöhlen der Postfächer und einen Lappen, um die Hände anzufeuchten. Daraus formt man ungefähr 70 cm lang ecetera, und basta.» Eines sagte sogar: «Und die, welche in einem Hochhaus wohnen, wo sollen denn die den Kellerdrachen aus der Gruft hernehmen?» «Eh, die basteln sich einen Senkrechten, der Männchen macht und Pfötchen gibt», gröhlte der Älteste, worauf ich mit Tränen in den Augen schwor, ihnen nie mehr, aber auch gar nie mehr Einsicht in meine unveröffentlichen Werke zu gewähren. Das schrieb ich auf einen Zettel aus der Schnauze und legte diesen in mein Postfach auf dem Drachenbauch. Zu später Stunde fand sich dort ein zweiter, auf dem zu Lesen stand: «Liebe Dodo . . . » und noch dies und jenes. Der hat mich versöhnt und zu Tränen gerührt.
Den Ratschlag meiner Kinder will ich dennoch befolgen und dieser Geschichte etwas Brauchbares beifügen, auf die Gefahr hin, daß mir nach dem Vorangegangenen niemand mehr ein ernstes Wort abnimmt:

– Einen Drachen, ein Haustier wie Kressavia Zettlov eins ist, können Kinder ab acht bis zehn Jahren mit einem Erwachsenen gemeinsam formen.
– Am besten formt man ihn an einem freien Nachmittag, an einem langen Abend, ohne Betrieb und Ablenkung ringsum.
– Kinder sollen möglichst nach ihrer eigenen Vorstellung gestalten, während Erwachsene

* In diesem Sinne: erfinden

raten, helfen, handlangern und schauen, daß das Ganze zusammenhält und beim Brennen nicht auseinanderfällt. Wer weiß schon, wie ein Fabelwesen eigentlich aussieht, ob es vier, drei oder sieben Füße hat, ob es dick oder dünn, lang oder kurz ist?

– Wichtig ist, daß möglichst alles aus einem Stück heraus, mindestens aus fünf Kilo Naturton, geformt wird. Für Kressavia haben wir ungefähr zwölf Kilo gebraucht. Teile, die auf- oder angesetzt sind, sollten angefeuchtet und mit dem Daumen gut an den Körper gedrückt werden.
– Durch das Aushöhlen der einzelnen «Postfächer» mit einer Drahtschlinge bekommt das Wesen die ungefähre Wanddicke von ein bis drei Zentimetern, die zum Brennen richtig ist. Dickere Stellen kann man von unten her etwas aushöhlen.
– Das fertige Tier in Stücke schneiden macht Kindern oft Mühe, weil sie sich stark mit ihm identifizieren. Man tut gut daran, sich gerade für diesen Vorgang, der mit einem Draht einfach auszuführen ist, genügend Zeit zu nehmen und auch den Kindern Zeit zu lassen, ihn gefühlsmäßig nachzuvollziehen.
– Der Rohbrand wird matt und ziegelrot und gibt einen hübschen Kontrast zur grünen Kresse, die wir in die mit etwas Blumenerde gefüllten Vertiefungen säen. Die Kresse wächst dort gut und schnell, wenn wir sie regelmäßig feucht halten.
– Wer hindert uns, im Drachenkopf einmal Blümchen einzupflanzen oder zu einem Familienfest kleine Wachskügelchen und einen Docht in die Vertiefungen einzufüllen? Ich denke, daß ein solches Leuchttier auf einem Geburtstagstisch hübsch aussehen würde.
– Auch wenn Drachen aus Naturton Haustiere sind, so fühlen sie sich nicht nur in gewöhnlichen Familien wohl. Ich kenne jedenfalls eine Sorte, die wohnt am liebsten im Kinderheim oder in der Tagesstätte, weil dort mehr läuft und mehr Kinder beieinander sind; Kinder, die Spaß haben, einander Brieflein zu schreiben, ein Bonbon oder einen Kaugummi ins Postfach zu stecken.
– Es kann auch zartbeseitete, sanfte Drachen geben, solche, die mit einem Büschel Vergißmeinnicht zwischen den Schlafaugen und nur zwei Postfächern im Bauch auf der aufgeräumten Kommode – ohne Handschuhe, Brotrinde und Schulsachen –, in der Wohndiele Neuvermählten liebevoll entgegenseufzen.

13 ...und wenn es wieder Sommer wird

«Glaubst du das vom Rumpelstilzchen?» wollte Martina wissen. «Was, daß es Stroh zu Gold spinnen konnte?» Sie nickte und schaute mich erwartungsvoll an. Heikle Frage – ich bröselte* dazu etwas vom Märchenland, sagte, daß in Geschichten eben manches möglich sei, daß... ach, ich kam mir dabei nicht eben großartig vor. Das merkte Martina wohl, denn sie nickte, lächelte mir zu, was wohl bedeutete: «Laß schon, du hast dir Mühe gegeben, aber das bringt's ja auch nicht . . . » Das Stroh hingegen schien sie weiterhin zu beschäftigen, denn kurz darauf war sie wieder da und sagte: «Hilfst du eine wahre Geschichte ausdenken vom Stroh?» Das schien mir eher möglich, als Rumpelstilzchens Goldspinnerei bei einem fünfjährigen Kind den richtigen Platz zuzuweisen.

Flüchtig überflog ich mein langes Leben und merkte, daß es da keine glaubwürdigen Erlebnisse mit Stroh gegeben hatte, es sei denn, sie wären verloren gegangen. Nur etwas fiel mir ein, was eigentlich im letzten Sommer in unserem Garten hätte stattfinden sollen, und das hatte tatsächlich mit Stroh zu tun. Mutig fing ich an: «Es war einmal ein kleines Mädchen, das hieß . . . » «Martina», ergänzte meine Zuhörerin ganz selbstverständlich. Damit hatte ich zwar nicht gerechnet, aber wenn es schon eine wahre Geschichte sein sollte, deren Ausgang ich ohnehin nicht kannte, warum sollten wir sie nicht im Hier und Jetzt ansiedeln? «Gut, das kleine Mädchen Martina spielte im Sommer hinter dem Haus mit einem großen Mocken Lehm. Das gefiel ihr eine Weile, doch hätte sie gerne andere Kinder zum Spielen gehabt.» «Zum Glück kam Bettina», fuhr mein Gegenüber weiter und schubste unsere Bettina, die sich eben auf den Boden gekauert hatte und neugierig war zu vernehmen, was wir einander erzählten. Mir wurde klar, daß hier eine Geschichte entstand, die sich laufend am Geschehen rundum orientierte, was mich eigentlich faszinierte, aber gleichzeitig leicht überforderte. Ich versuchte, den Faden wieder aufzunehmen und nicht zu verlieren, wenn sich wieder ein neues Kind aus der Gruppe zu uns gesellte, das sogleich in der Geschichte eine Rolle spielte. In groben Zügen hörte es sich ungefähr so an:

Die zwei hatten in einem großen Sack noch mehr Lehm. Den schleppte Martin herzu und fragte: «Helft ihr daraus Bausteine machen? Das kann man nämlich, mein Vater hat ein Buch, dort drin sind ganze Häuser abgebildet aus solchen Steinen». Martina und Bettina schauten sich an, das war's! Andi und Michael

* murmelte

kamen jetzt auch und wollten helfen. «Wir brauchen Holzbrettchen, Sand, Stroh, Wasser und natürlich eine Säge, Hammer, Nägel und eine Beißzange.» Stroh fanden sie in der Scheune, vom Entennest war ein halber Ballen übriggeblieben. Sand gab's im Sandkasten, und das Werkzeug besorgten sie sich in der Werkstatt.
«Die Lauser», meinte dazu eines der Kinder. Nun denkt ihr vielleicht, daß die Mädchen das Stroh gehackt und die Buben aus den Brettern eine Form geschreinert hätten, fast wie für einen Cake, aber es war genau umgekehrt. Das heißt, eigentlich wechselten die Kinder immer ab: Die einen verrührten den Lehm mit wenig Wasser zu einem Brei, eines streute Sand hinein und jemand schnitt Stroh, das sie zuletzt in den Teig kneteten. Dieses dicke Pflaster füllten sie nun in die beiden Holzformen und stellten diese an die Sonne, die zum Glück manchen Tag nacheinander glühend heiß schien.

An drei aufeinanderfolgenden Tagen fabrizierten die Kinder Bausteine, die sie angetrocknet aus den Formen nahmen und an der Sonne weiter trockneten, bis sie fest wurden. Das war eine feine Arbeit, die ihnen viel Mühe, aber auch viel Spaß machte.
«Und dreckig sind die geworden!» rief jetzt eines der Kinder dazwischen. «Ja, zum Glück trugen sie nur Badehosen, und abends spritzten sie sich gegenseitig mit dem Gartenschlauch ab.»
Meine Kinder lachten und klatschten vor Freude in die Hände.
«Und das ist richtig wahr?» fragte eines.
Statt einer Antwort, fuhr jetzt Bettina mit der Geschichte fort:
«Und wißt ihr, was dann geschehen ist? Einer trug eine zu große Badehose von seinem Bruder und erst noch mit einem kaputten Gummizug. Da haben sie ihm diese, ohne zu wollen, mit dem Schlauch weggespritzt.»

Zum Glück hatte sie «einer» gesagt und keinen Namen genannt. So konnten alle herzhaft lachen, und keines mußte herhalten für dieses drollige Mißgeschick. Als sie sich vom Lachen erholt hatten, fuhr ich weiter:
«Der Ärmste mußte ein Badetuch umwickeln, wie die Leute in Afrika es tun, denn seine Badehose war einfach nicht mehr zu finden ...»
Ungläubig schauten die Kinder mich und einander gegenseitig an. «Und weiter?» «Sie haben sie nicht mehr gefunden, bis ...» «Bis wann?»
«Das kommt noch nicht, denn erst haben sie sich aus den getrockneten Lehm-Strohsteinen ein Haus gebaut, ein rundes, richtiges, kleines Haus. Fürs Dach nahmen sie Ruten und Zweige

aus der Hecke. – Zwar sollte man das nicht tun, aber der Gärtner hatte vergessen, sie zurückzuschneiden, und so schadete es nicht. Auf dieses Gerüst schichteten die Kinder jetzt Grasballen samt Wurzeln und Erde. Von außen sah dieses Dach herrlich grün und echt aus, innen im Haus wurde es dadurch dunkel und gemütlich. Alle Kinder fanden Platz und kauerten sich nahe zusammen.»
Tatsächlich drängten sich jetzt meine Kinder nahe aneinander, schauten nach oben, so, als ob sie einem unsichtbaren Erddach nicht ganz trauten. «Plötzlich sah Andi einen Bändel, der aus einem Backstein baumelte . . . »
«Die Badehose!» rief Martina.
«Ja, genau, aber die Mutter . . . »
Unterdessen war sachte die Tür aufgegangen. Ich sah zwei, drei Mütter, die im Hauseingang möglichst unbemerkt auf ihre Kinder warteten.
«Die Mutter war kein bißchen böse, nein, alle Eltern waren stolz auf ihre Kinder, die sich selber ein Haus gebaut hatten und . . . »

Jetzt entdeckten einige Kinder ihre Mutter, rannten ihr entgegen. «Mama, wir haben – wir werden ein Haus bauen aus Lehm und Stroh, es war so heiß und ist gut herausgekommen, im nächsten Sommer – und wirst du mir vorher noch einen richtigen Gummizug in meine Badehose einziehen?»
Die Mütter nickten lächelnd, ich freute mich, daß sie nicht lange fragten und an dem für sie nicht ganz faßbaren Glück ihrer Kinder teilnahmen, so gut es eben ging. Denn Traum und Wirklichkeit, Zeit und Raum, Sonne, Wind und Erde umgeben Kinder anders als uns. Wenn wir täglich wach und offen mit ihnen zusammen leben, kann es sein, daß durch sie auch für uns die Grenzen etwas weicher, fließender werden.

Was Kinderhände schaffen, wird begleitet von Gedanken und Worten. Es ist beseelt von dem, was Kinder dabei empfinden, entdecken, verdauen. Ob allem Werden lebt es, verwandelt sich, fällt einer aufsteigenden Wut zum Opfer oder löst sich auf in Nichts.

Ein ABC zum schöpferischen Werken

A wie Arbeitsplatz

Spielen und arbeiten ist für kleine Kinder ein und dasselbe. Ihr Spiel unterscheidet sich von unserer Arbeit, weil sie es freiwillig tun. Sie brauchen deshalb auch keine Freizeit, um sich davon zu erholen. Sie ermüden und erholen sich im Wechsel am Spiel- und Arbeitsplatz.

Wenn ich versuche, einige machbare Spiel- und Arbeitsplätze für Kinder zum Lehmen aufzuzeigen, dann möchte ich damit zwei Dinge erreichen:

Einerseits möchte ich ermutigen, selber solche in der eigenen Wohnung oder in deren Umgebung einzurichten, andererseits mütterliche und väterliche Phantasie anregen, die eigene Wohnsituation neu zu überdenken, sie weniger schicksalhaft anzunehmen und nach einfachen, handfesten Möglichkeiten zu suchen, den Kindern auch andere wichtige Tätigkeiten wie Malen, Holz bearbeiten, Experimentieren mit wertlosem Material usw. in ihrem Wohn- und Lebensbereich zu ermöglichen.

Den meisten Kindern macht es Spaß, bereits mit ein bis zwei Jahren im Hochstuhl einen Mocken weichen Naturton vor sich zu haben und dieses feucht-schwere Material zu erkunden. Stecken sie es in den Mund, ist dies nicht schlimmer, als wenn sie dasselbe mit Sand und Erde tun. Natürlich wird Lehm auf den Boden fallen und das Kind wird sich dabei verschmieren. Aber kaum ein Material läßt sich so einfach mit bloßem Wasser wegwischen wie Naturton oder eingetrocknet, mühe- und fleckenlos aus dem Teppich bürsten.

Kindern zwischen drei bis sieben Jahren entspricht es, mit Ton am Boden zu arbeiten. Am besten besorgt man sich ein großes Stück festen, durchsichtigen Bauplastik. Damit läßt sich eine genügend große Fläche im Zimmer abdecken, nötigenfalls können die Ränder mit Abdeckband stellenweise festgeklebt werden. Manche Küchenböden vertragen es, daß wir direkt mit Naturton darauf spielen. Der Boden als Spiel- und Arbeitsfläche ist ideal, weil Kinder in diesem Alter beim Tonen ihren ganzen Körper mit einbeziehen: Arme und Beine machen große Bewegungen; sie bücken sich, knien, liegen auf dem Bauch und springen in die Luft vor Freude. So ist ihr Bewegungsdrang zugleich natürlicher Motor und Ventil für ausdauerndes Schaffen und Spielen.

Wenn Kinder etwa sechsjährig oder älter sind, können und mögen sie über längere Zeit nur mit den Händen und somit auch an einem Tisch tonen. Was nicht heißt, daß sich nicht auch zwölf- und vierzehnjährige Kinder mit Hochgenuß am Boden mit Ton einlassen, als Ausgleich zum stundenlangen Sitzen in der Schule. Einen normalen Küchentisch, auch einen Holztisch braucht man zum Lehmen nicht abzudecken. Die empfindliche Tischplatte schützen wir mit einem Rest Wachstuch, das wir an den Tischecken mit Abdeckband festkleben, damit es nicht wegrutschen kann.

Ein Malhemd, ausgediente Herrenhemden mit gekürzten Ärmeln und Gummizug bei den Handgelenken, ausgediente Hosen und T-Shirts sind ideale Spiel- und Arbeitskleider für tonende Kinder. Am besten bleiben sie dazu barfuß oder ziehen alte Socken an.

Vergessen wir aber über allem Einrichten im Haus nicht das Naheliegendste und Einfachste, nämlich mit Ton im Freien zu spielen. Es gibt kaum eine Umgebung, wo dies nicht möglich ist. Ein gemähtes Feld kann mit einem großen Stück Bauplastik zum Spiel- und Tummelplatz für Lehm und Wasser werden, auch jeder Trockenplatz mit Steinplatten in der Großüberbauung eignet sich für solches Spielen. Mit Schrubber und

klarem Wasser können Kinder selber die Spuren wegputzen, falls dies nicht der nächste Regen tut.
Für Regenzeiten gibt's praktisch überall einen Einstellraum, einen Bastel- oder Wäschetrocknungsraum, einen gedeckten Eingang. Es braucht höchstens etwas Mut und Phantasie, hier Ungewohntes mit Kindern zu tun. Andererseits könnte es anstekkend wirken und langfristig sogar einen finsteren Hauswart umstimmen, wenn er sieht, wie kindlicher Tatendrang und Abenteuerlust in friedliche Bahnen geleitet werden.
Der schönste und natürlichste Arbeitsplatz zum Spielen mit Lehm ist für unsere Kinder dort, wo es ihn von Natur aus gibt: im lehmigen Boden auf einer Baustelle, an einem lehmigen Bach im Wald. Dort mit Kindern hinzugehen braucht allerdings mehr Überwindung und Eigeninitiative als den Knopf drücken für die Kindersendung am Fernsehen, und man wird wesentlich schmutziger dabei.

B wie Brennofen oder Backstein

Brennofen

Es kann sein, daß beim Spielen und Gestalten mit Ton bereits bei drei- bis vierjährigen Kindern ein herrliches Zufallsprodukt entsteht, das wir gerne über den Augenblick und die nächste Verwandlung hinausretten möchten. Wenn das Kind damit einverstanden ist, dürfen wir ein solches Gebilde ruhig zur Seite stellen und ihm erklären, daß wir dies in einen besonderen Ofen geben können. Aus diesem kommt es rostrot wie Ziegelsteine heraus, fällt nicht mehr auseinander, man kann damit spielen oder es jemandem schenken. Wenn wir an solchen Werken «Brennkosmetik» in Gegenwart der Kinder vornehmen, sollten wir ihnen dabei erklären, was wir tun und weshalb. Die dürfen nicht das Gefühl haben, ihre Arbeit sei nicht gut genug oder wir würden ihnen am Zeug herumflicken. Sehr dünne oder kaum festgedrückte Arme, Ohren, Rüssel oder was-weiß-ich müssen wir etwas besser andrücken, vielleicht dicker machen, und möglichst ohne die kindliche Ausdrucksform zu verändern. Die Wanddicke sollte ungefähr ein bis drei cm betragen, damit das Gestaltete beim Brennen nicht springt. Gerade kleine Kinder formen oft große und kompakte Figuren. Halten wir ihnen das Geformte mit beiden Händen hin, können es einige schon selber mit einer Drahtschlinge oder einem Kaffeelöffel aushöhlen. Es lohnt sich, durchs Jahr hindurch und nicht erst Anfang Dezember in der Wohnumgebung nach Möglichkeiten zu suchen, um Tonsachen zum Brennen zu geben. Die meisten Schulen haben eigene Brennöfen; es gibt sie in Alterssiedlungen, in Heimen für Behinderte und in Kliniken. Dort seine Lehmsachen brennen zu lassen, ist billiger als in der Töpferei oder in einem Fachgeschäft. Vielleicht können wir sogar dabei sein, zuschauen, mithelfen, den Ofen einzuräumen, bevor er verschlossen und auf 800 bis 1000 oder 1200 Grad aufgeheizt wird.

Backstein

Daß Backsteine gebackene Steine sind, ist für Kinder gut verständlich, wenn sie einmal ungebackene gesehen und gegriffen haben. So wie sich manche Kinder etwa eine Schüssel voll Teig statt den fertigen Geburtstagkuchen wünschen, so könnten wir ihnen ein halbes Dutzend «Teig-Steine» schenken. Man kann sie, weich und grau, in der nächsten Ziegelei bekommen, wenn man Glück hat sogar zuschauen, wie sie auf dem Fließband vorbeiziehen. Sie sind je nach Serie zwischen drei und acht Kilo schwer, aus Naturton gepreßt, mit Hohlkammern zur Wärmeisolation. Ein Stück kostet je nach Größe rund einen Franken. Was eine Kindergruppe damit erleben kann, ist ab Seite 82 zu lesen. Hier möchte ich ein paar Spielmöglichkeiten aufzeigen:

- Mit einem nassen Lappen zudekken und barfuß darüber hinabrutschen – Kinder jeden Alters flippen dabei fast aus und können nie genug bekommen!
- Stellen, legen, setzen, das französische Allerweltsverb ‹mettre›, diesmal handgreiflich.
- Mehrere Steine aufeinander, nebeneinander, hintereinander schichten und so eine Mauer, ein Kamel, einen Sessel, ein . . . bauen.
- Löcher bohren und diese mit Wasser füllen.
- Wassertümpel-Gebilde mit Gefälle und Versickerungen bauen.
- Verrücktes Zeug fabrizieren, einen Feldstecher, ein Sandwich, ein . . .
- Mit Draht Bauelemente zuschneiden und staunen über die Formen,

die sich beim Durchschneiden der Hohlkammern ergeben.
- Die noch feuchten Elemente mit aufgeweichtem Ton zusammenfügen und so eine ganze Stadt bauen.
- Solche Teile brennen lassen und als Spielelemente brauchen, zu Hause oder im Sandkasten.

Kinder, die mit echten Backsteinen ausgiebig spielen konnten, werden an der nächsten Baustelle wach und mit andern Augen zuschauen. Sie haben dasselbe Material wie erwachsene Berufsleute, anders, aber nicht weniger ernsthaft verarbeitet. Auf diesem Hintergrund fühlen sich Kinder ernst und für voll genommen. Wer selber Backsteine hochgehoben und erkundet hat, wird eine Mauer anders anschauen, wird sie wahr-nehmen, nachvollziehen können, wie und woraus sie geworden ist.

C wie Chaos

Den meisten Erwachsenen graut vor Chaos, wobei mich eigentlich wunder nähme, was sich jeweils der Einzelne darunter vorstellt. Auch mir graut davor.
Hingegen erlebe ich Chaos im Zusammenhang mit Ton und Kindern als etwas anderes. Etwa so: Eine Vierjährige knetet und knautscht alles Geformte, das ihr unter die Hände kommt, ernst und kraftvoll zusammen, immer wieder, immer von neuem, murmelt dazu allerhand Unverständliches, während vor lauter Eifer Speicheltropfen das Ganze saftiger machen. «Am Anfang war alles wüst und leer», fällt mir dazu ein. Chaos, totales Durcheinander ohne Form und Struktur, Auflösen und Verwischen alles Gewesenen. Daraus Neues entstehen lassen, ohne Vergleich und Muster, ein beängstigender, faszinierender, atemberaubender Vorgang, den ich vom Lehm gar nicht auf anderes zu übertragen wage. Und doch – laut Schöpfungsgeschichte wäre unsere Welt etwa so entstanden. Kinder haben ein Recht darauf, immer wieder ihre eigenen Welten zu schaffen, in einem Rahmen, der für sie und für uns möglich ist, ohne daß wir sie daran hindern. Vielleicht ist unsere einzige Chance, daß sie sich unsere Welt, und was wir daraus gemacht haben, nicht zum Muster nehmen.

D wie Draht oder Daumendruck

Draht

Daß man Ton nicht mit dem Messer schneidet sondern am besten mit Draht, finden Kinder besonders lustig. Auf diese Weise können sie gefahrlos selber eine Tonrolle von fünfzehn Kilo in etwa 2 kg große Stücke schneiden – eine gute Menge, um sich damit eine Weile spielerisch auseinanderzusetzen. Jede Schnittfläche sieht anders aus, es entstehen wunderschöne Formen und Spiralen. Ein günstiger «Schneider» entstand aus ungefähr 30 cm, max. 1 mm-Draht und zwei Holzklötzchen von 4 x 4 x 4 cm. Er bewährt sich bestens.

Daumendruck

Die natürlichste Art, in ein Stück Naturton ein Loch zu machen, ist, mit dem Daumen oder mit beiden zu drücken. Ein gesundes Kind, dem kein Werkzeug im Wege steht, wird von sich aus seine Daumen brauchen, von uns hat es höchstens Ermutigung und Bestätigung nötig. Hingegen ist viel feinmotorisches Geschick nötig, aufeinandergeschichtete Lehmwürste mit dem Daumen zu einer glatten Fläche zu zerstreichen und inwendig mit der andern Hand gleichzeitig Gegendruck zu geben. Ich finde es schade, wenn bereits kleine Kinder – unter acht Jahren – die solche Fertigkeit noch nicht haben, mit dieser Aufbautechnik vertraut gemacht werden. Sie können dabei entmutigt werden und die Freude am spielerischen Umgang mit Ton verlieren. Zudem ist es für das kleinkindliche Vorstellungsvermögen absurd, um «leere» Luft herum lauter Tonwürste aufeinanderzuschichten, bis ein Loch entsteht.

E wie Engoben

Engoben

Engoben sind Erdfarben in Pulverform, mit denen wir Geformtes aus Naturton bemalen können, bevor wir es zum Brennen geben. Wir erhalten sie in mehr als einem Dutzend Farbtönen in jedem Farbwarengeschäft oder in der Töpferei. Sie sind im Vergleich zu anderen Farben billig, ausgiebig und lange haltbar. Auch genügen zum Malen drei bis vier Farben. Wir rühren das Pulver mit Wasser so an, daß die Farben sich verstreichen lassen und doch nicht davonfließen. Beim Brennen verändern sich einzelne Farben, vor allem Blau- und Grüntöne. Die angerührte Farbe können wir monatelang in verschlossenen Gläsern aufbewahren. Eingetrocknete Engoben lassen sich mit etwas Geduld und Wasser jederzeit wieder gebrauchsfertig rühren. Tonsachen, die mit Wasser- oder Kunstharzfarben bemalt sind, mag ich nicht. Sie erscheinen mir materialfremd, und man kann sie nicht brennen. Daß aber bereits drei- bis vierjährige Kinder etwas Geformtes bemalen möchten, das erlebe ich immer wieder, und das können sie mit Engoben ohne weiteres tun. Besonders freuen sich Größere, wenn ihre Sachen einmal nicht im Rohbrand, sondern als Keramik aus dem Brennofen kommen.

F wie Füße oder falsch

Füße

Daß Füße beim Tonen eine Rolle spielen, habe ich beim Werken mit Kindern im Sommer begriffen. Ich wäre nicht auf die Idee gekommen, daß sie solchen Spaß haben könnten, ihre Zehen in das weiche, kaltfeuchte Material zu graben, immer und immer wieder; daß sie es so lustig finden, auf einen riesigen Mocken Ton zu springen und dabei ohne jede Anstrengung einen tiefen Fersenabdruck und feinste Hautlinien zu hinterlassen.
Es kam mir vor, als hätten die Kinder bei diesem Spiel ein neues Bewußtsein für ihre Füße gewonnen. Füße, die sie schließlich ein Leben lang tragen werden.

falsch

Wer mit Kindern auf spielerische Art Ton erkundet, wird Beglückendes und äußerst Seltenes erleben:
Man kann dabei nichts falsch machen, vorausgesetzt, daß Klima und Arbeitsplatz einigermaßen stimmen. Diese Tatsache ist für Kinder außergewöhnlich in unserem Alltag. Wir müssen sie wohl erst anderem gegenüberstellen, um zu begreifen, was das heißt. Es gibt Kinder, deren Tag wie ein Korrekturband oder wie ein Fehlersuchspiel abläuft. Von morgens bis abends sind sie daran, Falsches zu tun, gewollt oder ungewollt: Es ist falsch, wenn sie bereits um halb sechs aufstehen und Klavier spielen oder Jahrmarkttrompete blasen; falsch ist, daß Pyjama und das Bett naß sind; falsch, daß sie zum Frühstück Sirup oder Apfelsaft statt Milch mit Ovomaltine trinken wollen; falsch, wenn sie sich gar nicht oder nur etwas Bestimmtes anziehen wollen; falsch, daß sie nicht aus dem Haus gehen, wenn jemand sagt, es sei Zeit für den Kindergarten; falsch, wenn sie dort die Stiefel nicht ordentlich hinstellen und auf dem Heimweg trödeln; falsch, wenn sie aus Vaters Zeitung einen Papierhut machen, bevor er sie gelesen hat, obwohl sie doch der Zeitung gar nicht ansehen können, ob sie gelesen wurde; falsch, falsch, falsch . . .
Und beim Tonen: Spaß haben über lange Zeit, Kraft auslassen, Lust haben, ohne daß etwas falsch ist, ohne daß Erwachsene Hand anlegen oder die Notbremsen ziehen – das bedeutet aufatmen, Kind sein, sich selber sein und damit jemand, der etwas kann, ohne es mit einem Produkt, einer Sonderleistung beweisen zu müssen.

G wie Glasur oder Galiwatsch

Glasur

Glasur braucht es nicht nur auf Torten, sondern auch auf Geformtem aus Ton, das mit Engoben bemalt ist. Nach dem ersten Brand gießt die Töpferin oder der Töpfer, meist mit einer Schöpfkelle, eine weiße Flüssigkeit darüber, die beim zweiten Brand durchsichtig und glänzend wird. Solch glasiertes und gebranntes Tongut ist wasserfest, im Gegensatz zum Rohbrand, wo die Poren offen bleiben und das Wasser eindringen kann.

Galiwatsch

hieß er, und nicht nur er, sondern jede Figur, die bei Frank aus Ton entstand. Es war jeden Tag eine andere; das Einzige, was gleich blieb, waren zwei riesige Plattfüße. Galiwatsch – der Name hat mir so gefallen, daß ich ihn und Frank nie vergessen werde.

H wie Hände oder hilflos

Hände

Kinder sind Hand-Werker. Alles was ihnen unter die Hände kommt, wird be-handelt. Erst in späteren Jahren bekommt dieses Handeln und Behandeln eine andere Bedeutung; zum Beispiel behandelt der Lehrer einen Stoff, Schüler lesen Abhandlungen über ein Thema, wir treiben Handel, das heißt, versuchen, für möglichst wenig möglichst viel zu bekommen, oder wir lassen uns vom Arzt behandeln, wenn das eigene Handeln nicht mehr funktioniert. Bei diesen Begriffen denken wir kaum mehr an die Hand selber. Ich suche in unserem Sprachgebrauch nach Wörtern, die noch direkter mit der Hand zu tun haben: Handgemenge – Hand auflegen – Händchen halten – Handlanger – handgreiflich – fallen mir dazu ein. Ist's zufällig oder meine ich nur, daß diese Worte im Gegensatz zu den oberen, abstrakten Begriffen eher einen negativen oder zumindest nicht ganz ernst zu nehmenden Anstrich haben? Wenn ich mich in all den Jahren mit Kindern und Naturton beschäftigte, waren meine Hände und die der Kinder immer wichtig – nicht zuletzt, wenn wir sie einander im lauwarmen Wasser gegenseitig gewaschen haben. Ich habe dabei Vertrauen, Natürlichkeit, Spaß und Selbstverständlichkeit erfahren, wenn unsere Hände sich in der sumpfbraunen Brühe unsichtbar begegneten. Staunend habe ich festgestellt, daß dabei scheue, traurige, verstockte und gehemmte Kinder auftauten, vielleicht weil ich sie ohne Worte neu und anders begriffen hatte.

Hilflos

Kinder, die einem Klumpen Naturton hilflos gegenübersitzen und damit nichts anzufangen wissen, sind nach meiner Erfahrung weder geschädigt noch phantasielos. Es kann sein, daß sie gerade Wichtigeres zu tun haben, daß der Schritt von dem, was sie sonst zu tun gewohnt sind, zu diesem freien, offenen Gestalten mit bloßen Händen und ungewohntem Material zu groß ist. Vielleicht wollen sie erst mal zuschauen. Reden und erklären bringt nichts oder verstärkt den Druck. Sich mit genügend Distanz danebensetzen, selber anfangen mit Ton zu «handeln» und zu spielen, kann den Einstieg erleichtern – solange wir nichts Gegenständliches herstellen, das im Kind den Gedanken weckt: So etwas kann ich ohnehin nicht. Den Lehmklumpen kneifen, mit dem Finger Gucklöcher hineinbohren, in die man etwas versenken kann, draufklatschen, mit dem Fäusten draufpoltern, bis ein flacher Fladen entsteht, ein Stück wegreißen und ein zweites draufschichten, vielleicht legt das Kind ein drittes obenauf – oder es geht weg und sagt: «Ich mag jetzt nicht, ich will lieber spielen.» Natürlich buchen wir solches Verhalten auf unser pädagogisches Negativ-Konto. Wenn *wir* jetzt nicht hilflos und enttäuscht dasitzen und aus Rache oder Selbstbestätigung mit hundert Meter Tonwürsten eine Vase formen, ist nichts verloren. Das Kind kann in einer Viertelstunde zurückkommen, oder es kann morgen Lust haben zum Tonen. Es kann sich durch andere Kinder anregen lassen – Kinder haben Zeit und «der Geist weht, wann er will.»

I wie immer wieder

Naturton habe ich erlebt als eine Sache fürs Leben, es ist ein «Immer-wieder-Material», eines mit dem sich zwei-, vier-, sechs-, acht-, zehn-, zwölf-, vierzehn-, sechzehn-Jährige usw. gleich gut, aber verschieden auseinandersetzen können. Wohl gab's und gibt's auch bei unseren Kindern «tonlose Zeiten» – solche, in denen anderes in den Vordergrund rückt: Computerspiele, Schlümpfe, Einrad- oder Rollbrettfahren, Nichtstun. Wenn aber Ton als Standard-Material im Keller vorhanden ist, kann er in unverhofften Momenten, meist angeregt durch andere Kinder, manches Comeback feiern. Ich will versuchen, so etwas wie eine Lehm-Entwicklung aufzuzeichnen, wie ich sie bei verschiedenen Kindern miterlebt habe. Ich wage es, weil jedes Kind eigenständig und einmalig ist und sich kaum an mein Schema halten wird . . .

- Zweijährige knautschten mit Interesse und erforschten mit wachen Sinnen dieses Material.
- Drei- bis Vierjährige brauchten ihren ganzen Körper, viel Kraft und Bewegung zum Ton-Werken.
- Vier- bis Sechsjährige fanden es oft reizvoll, flächig und fladenartig mit Ton zu spielen. Sie zeigten zeitweise mehr Freude am Schmücken und Dekorieren als am Formen und Gestalten, – oder aber sie schufen mit viel Tempo und Phantasie ganze Welten, Unwesen, Angstmacher . . .
- Sieben- bis Achtjährige bekamen Freude am sorgfältigen, differen-

zierten Formen, machten sich einen Spaß daraus, immer kleinere, immer winzigere Sachen entstehen zu lassen.

- Mit neun und zehn hatten manche Kinder wieder Lust, reliefartig mit Ton zu zeichnen oder aber mit Aushöhltechnik großzügig Bestimmtes entstehen und brennen zu lassen.
- Mit zwölf suchten Kinder nach eigenen Möglichkeiten oder Formen, übernahmen Gesehenes und setzten es selber mit Ton und Farbe um.
- Der Schritt zur Drehscheibe wäre der Nächste, es ist auch der ins Erwachsenenalter.

K wie Knetmasse

Ob man denn nicht auch mit andern Materialien saften und kraften und vor allem hübsche Gegenstände formen könne, werde ich manchmal gefragt. ‹Jein›, möchte ich jeweils antworten, keinen besserwisserischen Vortrag halten und doch meine Meinung sagen, wie ich sie mir durch Erfahrung im täglichen Beisammensein mit Kindern gebildet habe.
In der Schweiz bieten wir Kindern außer Naturton grob genommen drei Arten von Knetmassen an, zu Hause, in der Schule, im Heim, in der Spielgruppe oder im Kindergarten: Das sind Salzteig, Plastilin und verschiedene künstliche Knetmassen.
Salzteig ist billig und man kann ihn zu Hause ohne große Mühe selber herstellen. Die Zutaten (Salz, Mehl, Wasser und etwas Öl) sind in jedem Haushalt vorhanden. Er läßt sich mühelos auswallen und formen, und man kann ihn mehrere Tage in Plastik gewickelt im Kühlschrank aufbewahren. Zutaten zum Krämerladen lassen sich daraus herstellen, vom goldgelben Butterzopf bis zum farbigen Hochzeitskuchen mit Silberperlen geschmückt. Tisch und Hände bleiben sauber, Salzteigkrümel sind leicht aufzuwischen. An der Sonne oder im Backofen wird er getrocknet. Größere Kinder machen aus Salzteig etwa Photo- und Spiegelrahmen, Wandbildchen. Geformtes und Getrocknetes läßt sich mit Wasserfarben bemalen und später lackieren.
Ich finde Salzteig ein lustiges Spielmaterial. Aber es ist kein Ersatz für schöpferisches Werken mit Naturton, wo durch spielerische Materialerfahrung sinnliche Wahrnehmung und Begriffsbildung geschieht. Beim Schaffen mit Salzteig steht das Produkt im Vordergrund, was zuletzt da ist, ist wichtiger als das Tun.
Plastilin gibt es als Quader oder als verschiedenfarbige Würste im Warenhaus zu kaufen. Im Gegensatz zum Salzteig trocknet Plastilin nie aus, ist fetthaltig und wird beim Kneten durch die Wärme der Hände geschmeidig –, mit der Zeit und vor allem in der Kindergruppe allerdings auch unansehnlich und unhygienisch. Er ist weniger brüchig als Naturton und Salzteig, feine und verschiedenfarbige Sachen lassen sich daraus formen. Beim Zusammenkneten vermischen sich meist die Farben und werden einheitlich grau-braun. Zudem färbt Plastilin beim Kneten leicht auf Hände und Unterlage ab. Plastilin kann nicht gebrannt werden, ist bedeutend teurer als Naturton und Salzteig und daher Kindern meist nur in kleineren Mengen zugänglich. Ich habe erlebt, daß Kinder etwa mit vier, fünf Jahren vorübergehend Spaß haben daran; weniger deren Mütter, denn Plastilinkrümel lassen sich aus Schuhprofilsohlen und Spannteppich kaum mehr schadlos entfernen.
Andere künstliche Knetmassen werden vielmals als Geschenkpackung mit Vorlagen, Aussteckformen und allerlei Werkzeug angeboten, ausgenommen Fimo, das als Einzelquader im Fachgeschäft zu haben ist. Einige dieser Knetmassen trocknen an der Luft, andere kann man im Backofen härten. Sie sind wesentlich teurer als Naturton, teurer als Salzteig, zum Teil ungefähr gleich teuer wie Plastilin. Sie werden für Kinder industriell hergestellt, das heißt, im Gegensatz zu Naturton aus der Ziegelei und zu Salzteig wird für den Verkauf und Verbrauch geworben, weil sich damit Geld verdienen läßt. Mir scheint dies wesentlich, denn von diesem Moment an stehen die Interessen des Kindes nicht mehr im Vordergrund. Das Endprodukt, das sich damit herstellen läßt, ist wichtig. Entmutigung und Mißerfolg sind durch den Vergleich mit Abbildungen von besonders gelungenen und originellen Kinderarbeiten – meist von Grafikern in kindlicher Manier hergestellt – mit eingepackt. Gestaltende Kinderhände haben hier wenig Möglichkeiten, denn Modellierstäbchen und anderes Werkzeug treten an ihre Stelle.

L wie Loch oder lederhart

Loch

Sollte ich etwas nennen, das *alle* Kinder faszinierte, mit denen ich bis anhin zu tun hatte, ich wüßte mit Sicherheit eines – das Loch. Ein Loch blasen im Badeschaum, mit dem Löffel ein Loch in den Kartoffelstock drücken, im Sand einen Tunnel graben, Nasenlöcher, Steckdosen, Schlüssellöcher, Senklöcher – welches Kind kennt sie nicht? Mit dem Loch muß es etwas an sich haben. Ohne tiefenpsychologisch zu grübeln, immer wieder erlebe ich, welchen Spaß Kinder jeden Alters daran haben, in weichen Naturton Löcher zu bohren, ich glaube beinahe, sie *müssen* das tun!

lederhart

Lederhart ist ein Wort aus der Töpfersprache, die Bezeichnung für Geformtes aus Ton, das leicht angetrocknet ist. Bis dies soweit ist, kann es je nach Größe und Dicke des Gegenstandes 3 bis 24 Stunden dauern, wobei auch Luftfeuchtigkeit und Raumtemperatur eine Rolle spielen. Wollen wir Geformtes mit Engoben bemalen, sollte es dazu eben lederhart sein, auch zum Einritzen von Strukturen oder in Zeichnungen ist dieses Stadium ideal. Haben wir's einmal verpaßt: auch Ausgetrocknetes läßt sich engobieren, allerdings wird's etwas weniger gleichmäßig.

M wie Mutter oder Muster

Mutter

Mütter haben's oft nicht leicht. Wenn ich denke, was die alles falsch machen könnten! Deshalb möchte ich hier lediglich aufzählen, was Mütter gut machen können, wenn ihre Kinder mit Naturton spielen.
Sie können zum Beispiel:

- Sich zu allen Jahreszeiten einen Ort und einen Platz einfallen lassen, wo solches Werken möglich ist.
- Dafür sorgen, daß jederzeit im Keller ein paar Kilo Naturton liegen, die man hervorholen und wieder einkellern kann.
- Kindern erlauben oder sie ermutigen, schmutzige Hände und Füße zu bekommen, barfuß zu sein, wenn es die Temperatur erlaubt.
- Jederzeit und für Kinder selber erreichbar ein Malhemd, das sie mögen, ein abgetakeltes Paar Lieblingshosen und das liebste, müdegewaschene T-Shirt bereithalten. Ich habe erfahren, daß Kinder gerne Werk-Kleider anziehen, wenn es ausgediente Lieblingskleider sind.
- Ein altes Leintuch in handliche Stücke reißen – am besten mit den Kindern, denn das macht Spaß! Jedem Kind davon einen nassen Lappen zum Tonen geben, dafür kein Wasser. Man kann Hände und Lehm immer wieder damit befeuchten.
- Den Ton selber in die Hände nehmen, sich Zeit nehmen und erkunden, was sich damit alles tun läßt, ohne etwas Gegenständliches entstehen zu lassen.
- Beobachten, was die Kinder mit dem Lehm tun, ihre Ideen aufgreifen, ausführen und in mögliche Bahnen leiten.
- Ab und zu Zeit und Raum schaffen, damit mehrere Kinder gemeinsam mit Ton Spaß haben können.
- Auf freundliche Art «Dienstleistung» erbringen, das heißt etwa Ärmel hochkrempeln, Lappen anfeuchten, merken, wenn Kinder hungrig, durstig sind oder Ermutigung, Anregung brauchen, zuhören, teilnehmen an dem, was geschieht, einfach da sein. Da sein im Sinne von Paul Moor, der sagt: «Erziehen ist ein Sein und nicht ein Tun.»

Ich glaube, das ist nicht alles, aber sehr viel, und es ist ein Posten, in den man hineinwächst, um sachte wieder herauszuwachsen. Übrigens – gibt es beim Erwähnten etwas, das Väter nicht auch tun könnten, vorausgesetzt wir muten es ihnen und den Kindern zu?

Muster

Ein Kind braucht beim Tonen weder eine Mutter, als Muster noch eine Muster-Mutter, und das Muster zu schöpferischer Tätigkeit trägt jedes Kind in sich selber. An uns ist es, ihm mütterliche, väterliche oder einfach menschliche Wärme zu geben, damit seine Hände etwas davon sichtbar machen können.

N wie Nichts, Nabel oder Neugierde

Nichts

Ein «Nüteli» und ein «Nienewägeli», ein verspieltes Nichts, das kann es auch beim Tonen geben: das Nichts ist ebenso legitim wie das Etwas, und das macht's gut: lange kneten, matschen, bohren, draufklatschen, mit den Fäusten herumpoltern und Zehen eingraben – das gibt nichts, aber es ist nicht Nichts. Es ist genug, um Spaß zu haben, aktiv zu sein, sich intensiv zu bewegen, zu atmen, zu reden, Kraft zu brauchen und dabei alle Eigenschaften eines herrlichen Materials zu entdecken.

Nabel

Für kleine Kinder ist der Nabel etwas außerordentlich wichtiges. Mir scheint, sie verstehen sich als Nabel der Welt, bis sie etwa vier Jahre alt sind.
Gerade beim Tonen fällt mir auf, wie wichtig kleine Kinder sich selber nehmen, wie natürlich und selbstverständlich sie dies tun. Sie selber, ihr ganzer Körper kommt dran, stehen im Mittelpunkt! Ich und mein Zwerg, ich und der Drache, ich und . . .
Ich und meine Welt, heißt ihr Thema, obschon Erwachsene nicht warten können, ihnen Anstand beizubringen, sie zu lehren, sich selber hintenanzustellen.

Neugierde

Jungen Katzen und kleinen Kindern könnte ich stundenlang zuschauen. Sie haben den Blick des Zum-ersten-Mal-Sehens, ein Schauen, das den ganzen Körper spannt und ausrichtet auf das Gegenüber. Es ist die Neugierde, der Drang zu wissen, was es mit diesem oder jenem auf sich habe, eine hohe Bereitschaft zum Lernen und Erkunden mit wachen Sinnen. Was mich beglückt, sind ältere, betagte Menschen, denen diese Neugierde geblieben ist. Sie haben das genaue Hinschauen und Hinhören behalten, auch wenn sie vielleicht nicht mehr so scharf sehen und hören wie wir. Das Kind in ihnen ist wach und heil davongekommen, und damit bleibt ihr Leben spannend, energiegeladen und wert, gelebt zu werden –, weil es den Augenblick gibt, der sie Wunder nimmt.
Und weil jedes gesunde Kind diese natürliche Neugierde in sich trägt, brauchen wir uns keine Sorge zu machen, wir könnten zu wenig Einfälle oder zu wenig Phantasie haben, um es zu beschäftigen. Langweilt es sich trotzdem, liegt es vielleicht daran, daß wir ihm neun von zehn Sachen, die es Wunder nimmt, verboten oder verleidet haben.
Naturton wird es Wunder nehmen, wird seine Neugierde wecken und auffordern, auf einfachste Weise und ohne fremde Hilfe erstaunlich viel zu tun, das erlaubt, neu und anders ist.

O wie ohne

Am besten läßt sich mit Ton spielen und werken:
– ohne Messer
– ohne Modellierhölzchen
– ohne Ausstechformen und
– ohne Vorlagen.
Weil Kinder aber böse oder traurig werden, wenn wir ihnen etwas wegnehmen, tun wir gut daran, alles vorher aus dem Weg zu räumen, das sie hindert, ihre Hände und Füße als Werkzeug zu gebrauchen. Möchten sie trotzdem gerne schneiden oder ausstechen, dann sollen sie dies mit Salzteig, Plastilin oder mit richtigem Kuchenteig tun dürfen.

P wie Pfludi oder pflegeleicht

Pfludi

Tut mir leid, wenn ich für Nicht-Berner und Nicht-Schweizer von Pfludi schreibe, aber ich finde kein ebenbürtiges Wort, das den Sachverhalt im Wortklang auch nur annähernd wiedergibt. Matsch vielleicht? Aber da kommt mir Schnee im Naßzustand in den Sinn, Pappe klingt zu trocken und bei Brei denkt man ans Essen oder bekommt Brechreiz. Pfludi also wäre hier nichts anderes als Naturton, der mit zusätzlichem Wasser matschig, pappig, «pfludiweich» geknetet wurde. Er saftet geräuschvoll zwischen Fingern und Zehen durch, wenn man ihn zusammendrückt. Allerdings gibt es Kinder, denen graust davor, bis sie auf den Geschmack kommen, sich nackt auszuziehen und sich oder andere von oben bis unten samtig weich damit einzustreichen. Also geschehen und gesehen bei ein paar übersauberen Kindern . . .
Obschon ein solches Happening für Kinder reizvoll ist, sollte es in einem geeigneten Rahmen stattfinden, und

den zu schaffen, wäre wohl unsere Aufgabe. Eine Mutter, eine Kindergärtnerin oder ein Gruppenleiter braucht weder von gestern, autorität noch verklemmt zu sein, wenn sie oder er solchem Vorhaben nicht jederzeit eitel Freude und Begeisterung entgegenbringt. Nicht alle Kinder einer Gruppe sind für ein solches Gesaft zu haben. Einzelne werden damit überrannt und überfordert, kommen sich als Spielverderber, Außenseiter vor, wenn sie nicht mittun möchten. Mit Minderheiten umzugehen aber ist ein ebenso wichiges, pädagogisches Anliegen wie dem Einzelnen zu helfen, seine Bedürfnisse anzumelden und zu erfüllen.

Aufs Tonen übertragen hieße das etwa: Wenn wir Kindern, vor allem kleinen, Lehm und Wasser zur Verfügung stellen, programmieren wir damit den Pfludi. Finden wir den Moment, die Situation oder den Raum und die Umgebung ungünstig dafür, dann geben wir ihnen eben kein Wasser zum Tonen, sondern lediglich einen nassen Lappen. Ich staune immer wieder, wie gut Kinder in der Regel klare und sachlich begründete Grenzen akzeptieren, wenn sie Erwachsene nicht ausschließlich als wandelnde Verbotstafeln erleben, die allem Einhalt gebieten, was Spaß macht.

Pflegeleicht

Ein Begriff, der bei manchem Kauf, den wir tätigen, eine Rolle spielt und berücksichtigt wird: Wir prüfen Kleidungsstücke darauf, den Spannteppich und den Küchenboden, stellen aber auch fest, daß Plüschtiere pflegeleichter sind als lebendige Katzen, Meerschweinchen, Kaninchen und Hunde.

Eines ist zum Glück noch nicht pflegeleicht geworden, trotz Windeln und Plastikhöschen in einem, das sind Kinder. Ich erlebe jedes als Originalausgabe, ausgerüstet mit einem Riesenspektrum an Möglichkeiten. Sie lassen sich nicht programmieren, laufen auf Vollprogramm, wenn wir Schongang einstellen, tun nichts oder etwas anderes, wenn wir Bestimmtes mit ihnen vorhaben. Das, was wir für sie gut finden, bekommt ihnen meist schlecht, und Zeugs, vor dem uns graut, verdauen sie ohne Wimpernzucken. Das Gütezeichen «pflegeleicht» eignet sich nicht für sie, es läßt sich nicht vereinen mit kindlichem Wesen, ihrem So-Sein und ihrem Da-Sein, wir mögen's als Wunschzettel oder Etikette in unseren pädagogischen Köpfen herumtragen. Kinder sind Störfaktoren und ein Wunder zugleich – und für beides sind wir nicht eingerichtet. Sie brauchen Pflege und tragen gleichzeitig heilende Kräfte in sich, mit denen sie es fertig bringen, bei all dem Fehlfutter, das wir ihnen vorsetzen, immer wieder mit dem Leben davonzukommen.

Q wie Querverbindung

«Hilfe, der Arm fällt ab und ich kann dieses Ohr gar nicht festmachen.» So tönt es etwa verzweifelt, wenn Kinder etwas Gegenständliches aus Ton formen. Daß wir ihnen dabei helfen und zwar möglichst so, wie es der Sache entspricht, scheint mir selbstverständlich. Das bedeutet meiner Meinung nach noch lange keine Einschränkung und führt eher zur Selbständigkeit als daß es sie verhindert. Wohl rege ich Kinder auf spielerische Weise dazu an, Gegenständliches aus einem Stück Ton zu formen, etwa so wie dies die Erstkläßler in der Geschichte mit den Gartenzwergen taten. Solche Formen wirken organischer und sind zum Brennen stabiler, als wenn wir sie aus Einzelteilen zusammensetzen. Doch, wem kann man's verargen, wenn plötzlich ein Schneemann, ein Hampelmann entsteht, der zwei Arme braucht? Ich kenne zum nachträglichen Festmachen zwei Möglichkeiten, die sich bewährt haben: Die einfachere ist die, den Arm, den Schwanz, das Bein oder was immer kräftig an den Leib zu drücken, die Nahtstelle mit Schlicker (mit Wasser verdünntem Ton) zu bestreichen und eine etwa 1/2 cm dicke Lehmwurst wie einen Wickel oder ein Halstuch darum zu legen. Die Wurst mit dem Daumen oder Zeigefinger sorgfältig flachstreichen – fertig.

Die andere, etwas kompliziertere Art: Man zieht vom Leib etwas Lehm heraus, an der Stelle, wo der Arm oder das Bein angewachsen sein sollen, fast wie einen Zapfen, und bestreicht ihn mit Schlicker. Statt den Arm oder das Bein stumpf an diese Stelle anzusetzen, höhlen wir ihn mit dem Finger etwas aus und stülpen ihn über den Zapfen. Nun gut andrücken und verstreichen, damit es keine eingeschlossenen Luftblasen gibt, die beim Brennen das Ganze sprengen könnten.

R wie Raum oder Relief

Raum

Wenn Kinder beim Tonen Innenräume schaffen, hat das mit ihrem räumlichen Empfinden zu tun. Ein tiefes Loch, eine Höhle, ein Gefäß, ein Windlicht, das bedeutet, mit seinen Händen begrenzten, eingeschlossenen Raum zu schaffen. Mir fällt auf, daß kleine und größere Kinder dabei ruhig werden, anders sind, als wenn sie Flaches gestalten, Phantasiewesen formen oder sonst mit Ton spielen.
Vielleicht hat dies mit den eigenen Innenräumen zu tun, mit dem Verborgenen, dem Eingeschlossenen? Gut, daß wir nicht alles wissen, daß Kinder ein Geheimnis bleiben, näher der Erde und näher dem Himmel als wir.

Relief

Relief hat mir als Wort schon immer gefallen.
Auch Kindern gefällt's, sie spielen damit und sagen es immer wieder. Wir haben in der Spielgruppe eine dünne Lehmwurst gedreht und damit im Tonfall reli-eff «geschrieben». Schreiben macht Spaß, wenn man noch keine Buchstaben kennt! Es gab am Schluß ein geringeltes Schweineschwänzchen und mir kam der Gedanke, eine Art Kinder-Stenographie zu entwickeln. Damit waren wir auch schon beim Relief, einer einfachen und lustigen Art, mit Ton zu schreiben, zu zeichnen, was vier- bis sechsjährigen Kindern besonders liegt. Einige hatten Spaß daran, die Würste auf dem angefeuchteten Tonplättchen flachzudrücken, wie Christoph, der dazu sagte, daß es Flach- und Klappschlangen gebe.

S wie sauber

Besorgte Mütter versuche ich vom sauberen Dreck zu überzeugen, und es gelingt mir immer wieder! Nicht etwa, weil ich besonders überzeugend wäre, sondern weil ich mit Müttern zu tun habe, die für ihre Kinder das Beste wollen – und wollen das nicht alle Mütter der Welt? Zu wissen allerdings, was wann welchem Kind am besten bekommt, ist eine andere Sache.
Echte Gefahr droht weder unserer Wohnung noch deren Einrichtung und am wenigsten unseren Kindern, wenn wir sie in vernünftigem Rahmen mit Naturton spielen und werken lassen, auch nicht, wenn sie klein sind und ihn sogar in den Mund stecken.
Ein Kinderarzt meint dazu: Von der Zusammensetzung her kann ein Kind davon nicht ernsthaft krank werden, zumal Kinder kaum Ton in großen Mengen essen. Je nach Herkunft und Lagerung kann er Bakterien enthalten. Dadurch könnte es zu einer Magenverstimmung oder einer Darmgrippe kommen. Diese Gefahr ist allerdings nicht größer, als wenn ein Kind Sand und Erde in den Mund nimmt.
Und ein Gespräch mit dem Kantonschemiker ergab folgendes: Naturton ist von der Bestimmung her nicht zum Essen, folglich liegen darüber keine Untersuchungen vor. Nach der chemischen Zusammensetzung ist Ton ungiftig, allerdings variiert je nach Herkunft die Menge der Zusatzelemente, unter anderem Mangan. Ton kann somit mehr oder weniger bleireich sein. Die Schädlichkeit beim Essen wäre gering, ungefähr gleich wie bei Erde.

Sch wie Schlicker

«Schlicker ist Flicker», meinte Mathias, als er die Spalte in seiner angetrockneten Maske mit Schlicker füllte. Zement oder Leim nennen Kinder den dünnflüssigen Brei auch, den sie aus Ton und Wasser in einem Becher anrühren, um heikle Stellen an ihren Tonwerken vor dem Brennen zu bestreichen. «Dicker Schlicker für Löchliflicker», dichtete eine Witzboldin. «Zum Umespicke», fügte ein anderer bei . . .

T wie Ton

Ton ist bei uns «Lätt». «Chnätt» sagen Leute in anderen Gegenden der Schweiz. In der Ziegelei gibt es verschiedene Tonsorten zu kaufen. Ich berichte von den vier geläufigsten, mit denen ich Erfahrung habe:

Ziegelbatzen

So nennt man die unverpackten rötlich-grobkörnigen Lehmstücke, aus denen Ziegel hergestellt werden. Eines ist ungefähr 7 kg schwer und kostet etwas mehr als zwei Franken. Ziegelbatzen ist klebriger, brüchiger und weniger elastisch als Keramikton, doch auch wesentlich billiger. Er eignet sich vor allem zum Spielen und Werken in großen Mengen und im Freien. Geformtes aus Ziegelbatzen hat eine rauhe Oberfläche und sieht im Rohbrand hübsch aus. Zum Bemalen mit Engoben eignet er sich weniger, auch nicht zum Formen von kleinen, feinen Figuren.

Keramikton kann man in manchen Ziegeleien für etwa 12 Franken in luftdicht verpackten Stangen von ungefähr 15 kg kaufen. Damit können etwa sechs bis acht Kinder oder Erwachsene tonen. Richtig spielen und gestalten läßt sich, wenn jedes dazu mindestens 1½ bis 2 kg Ton zur Verfügung hat.

Mit Keramikton läßt sich alles tun: spielen, formen, Großes, Kleines, Grobes, Feines, Flaches, Hohes. Ausgetrocknet kann man ihn mit Wasser wieder zusammenkneten oder mit Engoben bemalen, brennen, mit und ohne Glasur.

Chamotteton ist in der gleichen Packung zu haben wie Keramikton, jedoch etwas teurer. Er ist elastisch und fein zum Formen und Spielen, enthält Sandkörner, was eine interessante Struktur ergibt. Jüngere Kinder mögen ihn nicht besonders, größere Kinder haben manchmal Spaß daran, vor allem, weil Chamotte im Rohbrand besonders hübsch aussieht.

Weiter kann man in der Ziegelei **ungebrannte Backsteine** kaufen, die sich mit viel Geduld und etwas Wasser entweder zu einem Stück Naturton verkneten lassen. Mit Draht zugeschnitten eignen sie sich für gebrannte und ungebrannte Bauelemente. Ein Backstein kostet je nach Größe etwas mehr oder weniger als einen Franken, er kann je nach Serie bis zu 8 kg schwer sein.

Jede dieser Tonsorten läßt sich gut und monatelang in einem ungeheizten Raum aufbewahren. Will man daraus Sachen zum Brennen formen, sollte er nicht gefrieren. Am besten verpackt man ihn luftdicht in einen Plastiksack. So bleibt er frisch und feucht, während er säuerlich riecht oder Schimmel ansetzt, wenn wir ihn in ein feuchtes Tuch einschlagen.

Wer keine Ziegelei in der Nähe hat oder Ton in diesen Mengen über eine Schulmaterial-Zentrale beziehen kann, findet außer Backsteinen viele weitere Sorten in jedem Farbwaren-, Bastel- oder Do-it-yourself-Geschäft. Allerdings ist er dort wesentlich teurer, und die Packungen enthalten in der Regel 4 bis 5 kg. Kontakte unter jungen Müttern haben sich oft gerade übers Beschaffen von Ton ergeben. Man fuhr an einem freien Nachmittag – mit einem statt mit drei Autos – in die Ziegelei, nahm die Kinder mit, so daß sie das Förderband und die Lehmgrube sehen konnten, und man brachte auch gleich Lehm für zwei Nachbarinnen mit, die ohne Auto waren. Damit war oft auch der Anfang zum gemeinsamen Tonen mit den Kindern gemacht.

Am meisten Spaß haben Kinder jeden Alters, den *Ton* selber *aus lehmigem Boden* zu graben – im Wald, an einem Bergbach, auf einer Baustelle, wenn gutgesinnte Erwachsene, die selber einmal Kinder waren, es ihnen gefahrlos möglich machen.

U wie Umfall oder Umwelt

Umfall

«Achtung, ich baue einen Umfall!» rief Stefan, alle Kinder schauten gespannt zu. Ich erwartete eine hochdramatische Verkehrsszene – weit gefehlt. Mit beiden Händen drückte er ein großes Stück Ton mehr und mehr in die Höhe, – bis – es umfiel. «Umfall!» rief er, als dies geschah und alle Kinder, die zuschauten, hatten verstanden, was er meinte.

Umwelt

Daß unsere Umwelt mehrheitlich kinderfeindlich und somit auch menschenfeindlich geworden ist, habe ich einsehen müssen. Hingegen mag ich diese Tatsache nicht einfach hinnehmen wie das Wetter, vor allem nicht, wenn ich an die Kinder denke. Statt Wut und Angst mit Fußtritten gegen Betonmauern Luft zu machen und eine blaue Zehe davonzutragen, suche ich nach Freiräumen, die es noch zu nutzen gibt.

Freiräume nutzen – das heißt, Ausschau halten nach Werk- und Spielraum für unsere Kinder. Es gibt ihn noch, trotz allen Verboten, aber meist nicht dort, wo er mit Spielplatz angeschrieben ist! Eine leere Garage, ein Einstellraum, ein überdachter Eingang, eine unbenützte Baubaracke kann für Kinder vorübergehend, vielleicht auch nur für ein, zwei Nachmittage ein guter Ort sein, um mit Ton zu spielen. Vielleicht müssen wir aufhören, nach festen und auf Jahre gesicherten Räumen für unsere Kinder zu suchen, müssen erfinderisch, phantasievoll und frech sein, müssen mit ihnen Nomaden werden und auf die Reise gehen zwischen unseren Häusern, neben unseren Straßen. Kinder sind Fahrende, auf einer langen Reise, ständig daran, ihre Zelte abzubrechen und anderswo aufzuschlagen, um neue Er-Fahrungen zu machen. Wenn wir mit ihnen unterwegs sind, ihre Bewegung nicht als Bedrohung, sondern als Ausdruck von Lebendigkeit wahrnehmen, gelingt es uns, Anliegen glaubwürdig zu vertreten, die die ihren und nicht die unsrigen sind. So, und wahrscheinlich nur so können wir uns im Kleinen wie im Großen zu ihrem Anwalt machen.

V wie Veränderung

Ton ist ein Material, das wie kaum ein anderes mit bloßen Händen Veränderung zuläßt. Er bietet wenig Widerstand, im Gegensatz zu Holz oder Metall, wo wir ohne Werkzeug wenig ausrichten können. Mit Papier und Textilien wiederum läßt sich mit bloßen Händen und ohne Zubehör nur beschränkt gestalten. Veränderung auf positive Art erleben, das können kleine Kinder – in unserer Art zu wohnen und zu leben – fast nicht mehr. Wenn sie zur Welt kommen, ist meist alles fertig, und zu verändern gibt's wenig. In der Regel hat's eine Wohnwand, einen Spannteppich, eine Polstergruppe, eine Stereoanlage. Wenn sie hier zu verändern anfangen, wird's selten besser als vorher. So meinen viele Leute, daß kleine Kinder von Natur aus alles kaputt machen, wenn wir nicht ständig auf der Hut sind. Ich treffe mehr Leute, die sich vor Kindern fürchten oder sich über sie ärgern, als solche, die sie liebhaben oder sich an ihnen freuen. Mir tun beide leid, die Kinder und die Erwachsenen, denn sie brauchten voreinander keine Angst zu haben. Kinder erlebe ich seit Jahren friedfertig, tolerant und ordentlich, wenn wir sie nicht «artfremd» behandeln; das heißt, Sachen von ihnen verlangen, die ihrem Wesen zuwiderlaufen oder sie in einer Umgebung aufwachsen lassen, die ihrem Bewegungsdrang und ihrer Entdeckungslust keinen Raum gibt.

W wie Werkzeug

Kinder können tage- und wochenlang ohne irgendetwas Zusätzliches mit Naturton spielen und gestalten, wenn es uns gelingt, ihnen die eigenen Hände als Werkzeug lieb und vertraut zu machen. Was wir sonst noch brauchen könnten? Einen Draht mit zwei Holzklötzchen an beiden Enden, um große Tonstücke mühelos zu schneiden. Figuren, die man zum Brennen aushöhlen möchte, lassen sich damit leicht mit sauberer Schnittkante halbieren. Zum Aushöhlen eignet sich eine Drahtschlinge. Sie ist für etwa 4 bis 5 Franken im Farbwaren-Geschäft erhältlich.

Ein großes Stück Abdeckplastik gehört ebenfalls zur Standard-Ausrüstung, mögen wir es Schutz-Zeug oder Werk-Zeug nennen.

X wie x einer

X einer ist nicht irgendeiner, sondern jedermann – der Mann von der Straße, die Frau von nebenan, das Kind von drüben und der Vetter aus Dingsda. Sie alle sind begabt zum Tonen, es gibt niemanden, der nicht mit Ton spielen und werken könnte.

Y wie Yvonne

Yvonne ist unterdessen groß geworden, geht zur Schule und schreibt mir ab und zu einen Brief. Als sie vier Jahre alt war, kam sie zweimal in der Woche zum Spielen. Wenn ich heute an sie denke, sehe ich sie vor mir, wie sie Ton knetete und im Gleichmaß mit den Fingern den Mund bewegte. Das sah köstlich aus, und ich mußte ihr immer auf den Mund gucken, der tonlos Pirouetten drehte und so die kleinen, patschigen Hände begleitete.

Z wie Zeit oder Zuwendung

Zeit

Zeit haben wir keine, außer wir nehmen sie uns. Daß schöpferische und spielerische Tätigkeiten vor allem aus dem nicht verplanten Augenblick heraus geschehen, habe ich erfahren. Von den Kindern, ganz besonders den kleinen, könnten wir das Zeit-haben ein Stück weit wieder lernen – aber nur ein Stück weit. Denn das Wort Sachzwang kennen wir alle – wir sind eingespannt, hineingerutscht, verpflichtet, an und in eine Lebensweise, in der Zeit Geld ist. Und Geld hat es in sich, uns geschäftig zu machen. Zur Ruhe, zum Werden und Entwikkeln lassen, was gerade kommt und ist, reicht es kaum. Ich frage mich, ob wir's überhaupt noch können oder wollen, oder ob wir uns am Ende fürchten vor dem, was ohne Hetze sein könnte – Leere und Langeweile. Im Alltag sein Zeitmaß und sein Schrittmaß finden, so daß es uns über eine lange Strecke gut bekommt, ist eine Lebensaufgabe. Mir selber macht sie zu schaffen, und ich hätte mich längst verrannt, wäre ausgebrannt ohne Kinder, die immer wieder Bremsklotz spielen und Sand ins Getriebe streuen – Zaubersalz vielleicht. Meine Tochter verwahrt davon im Nachttischchen ein Glas voll als besonderen Schatz für alle Lebenslagen . . .

Zuwendung

In ruhigen Momenten frage ich mich, wieviel Zuwendung Kinder brauchen, die schöpferisch tätig sind. Ich weiß es nicht, und doch gibt's für mich ein spürbares Maß, das stimmt oder eben nicht. Es mag zusammenhängen mit der inneren Anteilnahme, die wir ihrem Sein und Tun entgegenbringen. Dazu braucht es gedankliches und gefühlsmäßiges Mitgehen, Grenzen setzen und Freiraum geben ohne Kontroll- und Aufsichtscharakter, ohne Leistungs- und Erfolgserwartung.

Wie man das macht und wo man dies lernt, und ob man's nicht erst nach zwanzig «Dienstjahren» kann? Ich habe Seminaristinnen erlebt, die im ersten Ausbildungsjahr mit Naturton oder anderem Material auf lustige, natürliche Art mit Kindern spielten, erinnere mich aber auch an eine Großmutter, die nach einem Werk-Kurs mit ihren Enkelkindern mit Naturton zu spielen anfing. „Ich habe dabei soviel Spaß gehabt und mehr Neues erfahren als zusammengezählt in den letzten 30 Jahren, als ich für alle meine Bekannten Keramiksachen auf Weihnachten modellierte», meinte sie.

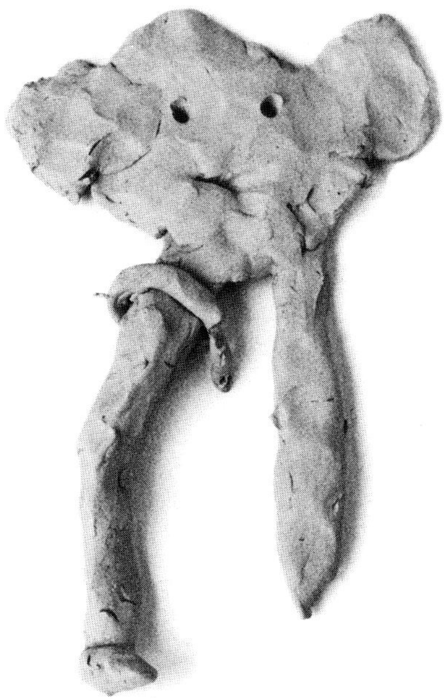